스탬프 아트에 빠지다

PROLOGUE

닳고 닳아 이미지가 잘 찍히지도 않는 파란색 폼마운트 스탬프는 지금도 간직하고 있는 저의 보물 1호입니다. 오래전 처음으로 떠난 미국 여행길에 큰아이의 장난감을 사준다는 핑계로 톰 행크스 주연의 영화 〈빅〉에 나온 뉴욕의 장난감 백화점에 들렀었지요. 앙증맞은 이미지에 반해 챙겨왔을 때만 해도 먼 훗날 제가 스탬프에 홀랑 빠지게 되리라는 것은 생각지도 못했습니다. 인주나 사무용 매표잉크로 찍어도 보고, 아이와 함께 물감을 풀어 찍기 놀이를 하거나 아이를 칭찬할 때 손등에 찍어주기도 했습니다. 그로부터 한참이 지난 후에야 스탬프용 잉크패드가 따로 있고, 핸드메이드 카드를 만들 때 주로 활용된다는 것을 알게 되었습니다.

2007년 미국에 몇 달 머무는 동안 들렀던 크래프트샵에서 어마어마한 양의 우드 스탬프를 보고 눈이 휘둥그레질 정도로 놀랐던 게 기억이 납니다. 그 많은 스탬프 중에서 소심하게 메시지 스탬프만 달랑 사 들고 온 게 스탬프 아트의 시작입니다. 사람과의 만남도 인연이 있어야 하듯 어릴 적부터 만들기를 좋아하던 제게 스탬프와의 만남은 정말 소중한 인연입니다. 스탬프로 열심히 꼼지락거리는 동안 한결같이 설레며 행복했고, 힘든 순간에 큰 위로를 얻었습니다.

출판사에 첫 원고를 보낸 지 벌써 2년이란 시간이 흘렀습니다.
콩! 찍으면 나타나는 귀여운 이미지로 힐링할 수 있도록, 마음껏 상상하며 놀이하고 장식하고, 예쁜 소품을 만들 수 있도록 다양한 방법과 아이디어를 나누고자 했던 것이 이 책의 시작이었습니다. 그런데 원고를 준비하다 보니 이론까지 아우르고 싶은 욕심이 생겼습니다. 스탬프 아트는 범위가 넓고 트렌디한 데다 창의적인 작업이라 정답 없는 이론을 소개한다는 것이 너무도 막막했지만, 체계를 잡아가는 과정에서 다시금 배움의 시간을 가질 수 있었습니다. 책 속에서 사용한 스탬프들은 현재 구입하기 어려운 것도 있습니다. 같은 재료와 도구를 찾기보다는 가진 것들로 활용할 수 있는 아이디어와 영감을 얻기를 바랍니다. 아직도 부족한 점이 눈에 띄고 아쉬움이 남지만 영감이 떠오르지 않거나 활용하고 싶은 기법을 찾아보고자 할 때 언제든 꺼내서 뒤적거릴 수 있는 책이 되길 소망해봅니다.

엄청난 양의 원고와 사진을 쏟아내어 많이 힘들었을 편집자님과 디자이너님의 오랜 수고가 녹아든 책이 이제 출간을 앞두고 있습니다. 그동안 스탬프 아트에 홀릭하며 좋아하는 일을 공유하는 법을 배우고, 2012년에는 뜻하지 않게 네이버 미술·디자인 부문 파워블로그로 선정되어 많은 관심과 사랑을 받았습니다. 돌아보면 감사한 일들로 가득합니다. 이 책은 지훈마마님의 격려가 없었다면 탄생하지 못했을 것입니다. Altered SB모임 보니님의 전천후 지원과 스윗트레즈님, 모티시아님, 로단테님의 응원은 큰 힘이 되었습니다. 부족한 면을 채워주느라 함께 수고한 윤경이와 촬영을 도와준 석호, 좌절할 때마다 힘을 북돋아주며 출간을 기다려준 친구들에게 감사의 인사를 전하고 싶습니다.

좋아하는 일에 몰입하며 살 수 있는 건 행운입니다. 엄마의 놀이를 늘 인정해주고 조언 한마디 툭 건네주는 사랑하는 두 아들, 아내의 홀릭을 말없이 지켜보면서 지지해주는 든든한 남편에게 감사와 사랑을 전합니다. 앗! 바쁘다고 많이 못 놀아줘도 옆에서 얌전히 기다리고 있는 우리 착한 강아지 토리에게도요.

우리 행복한 스탬프 아트의 세계에서 만나요.
Happy Stamping & Merry Crafting!

CONTENTS

PROLOGUE _ 4

PART 1
스탬프 아트를 시작하다

스탬프 아트 _ 12

태그 _ 15
카드 _ 17
정리와 보관 _ 21

재료와 도구 _ 23

스탬프 _ 23
잉크패드 _ 32
종이 _ 40
커팅 도구 _ 46
커팅머신과 다이 _ 50
접착 재료와 도구 _ 54
채색 재료와 도구 _ 59
펜, 색연필, 마커 _ 65
엠보싱 도구 _ 68
스텐실 도구 _ 72
나머지 도구 _ 75
장식 재료 _ 78
리본과 끈 _ 80

PART 2
스탬프 아트를 배우다

스탬핑하기 _ 84
스탬핑 준비 _ 84
스탬핑 _ 86
스탬핑 기법 _ 89

컬러링하기 _ 99
수채 컬러링 _ 99
유성 컬러링 _ 104
페이퍼 컬러링 _ 108

배경 만들기 _ 109
패턴지 이용하기 _ 109
스탬프로 배경 만들기 _ 110
잉크패드로 배경 만들기 _ 111
수채화 기법으로 배경 만들기 _ 113
알코올 잉크로 배경 만들기 _ 116
믹스드 미디어로 배경 만들기 _ 118

다양한 기법 익히기 _ 120
가위질 _ 120
다이 커팅 _ 122
디스트레스 _ 126
엠보싱 _ 129
스텐실링 _ 134

작업 계획하기 _ 139
아이디어 찾기 _ 139
작품 구상하기 _ 140
색채 계획하기 _ 141

작업하기 _ 144
원 레이어드 작업 _ 144
멀티 레이어드 작업 _ 150

장식하기 _ 152
글리터 장식 _ 152
메탈릭 장식 _ 154
리퀴드 글루 장식 _ 155
다양한 소재로 장식 _ 156
작품 보존 _ 160

PART 3
스탬프 아트를
활용하다

베이비 _ 164

탄생 축하 배너 _ 164
베이비 섀도 박스 _ 168
나비 모빌 _ 171
스탠딩 성장 앨범 _ 174
첫돌 축하 꽃 장식 _ 177

어린이 _ 180

크래프트 폼 스탬프 _ 180
알파벳 폼 퍼즐 _ 184
동물나라 막대인형 _ 187
생일 축하 미니 배너 _ 191
몬스터 컵케이크 픽 _ 194
1!2!3! 숫자 놀이 _ 198
틸다의 동화수첩 _ 201

청소년 _ 204

책 속의 엽서 _ 204
컬러링북 _ 207
티켓북 _ 210
탁상용 메모 보드 _ 213
미니 초콜릿 박스 _ 216
선물용 쇼핑백 _ 219

생활소품 _ 222

코스터 _ 222
칸칸 서류 보드 _ 225
MDF 티슈 케이스 _ 228
재활용 우편함 _ 232
열쇠걸이 액자 _ 234
꽃무늬 패브릭 가방 _ 237
플래너 _ 240

PART 4
스탬프 아트로 장식하다

홈 데코 _ 244
Home & Home _ 244
자동차 띠벽지 _ 248
네임 보드 _ 251
화장실 안내판 _ 255
세탁실 안내판 _ 257
싱싱 채소 주방 액자 _ 261

사계절 데코 _ 264
봄 _ 264
여름 _ 266
가을 _ 268
겨울 _ 270

특별한 날의 데코 _ 272
밸런타인 퀼트 _ 272
핼러윈 선물 장식 태그 _ 276
크리스마스 센터피스 _ 278
결혼 축하 리스 _ 282
어린이날 축하 꽃볼 _ 286

특별한 장소의 데코 _ 288
카페 오너먼트 _ 288
아이스크림 포스터 _ 292
드레스폼 포스터 _ 294
교실 환경 구성 배너 _ 296
공간별 장식 액자 _ 298

선물과 포장 _ 300
와인 태그 _ 300
선물 장식 태그 _ 304
어버이날 감사 봉투 _ 308
기프트 카드 _ 310
힐링 약 봉투 _ 314
설날 선물 포장 _ 317

PART 1

스탬프 아트를 시작하다

스탬프 아트
재료와 도구

스탬프 아트

스탬핑은 누구나 쉽게 접할 수 있는 놀이이자 공예이다. 숙련된 기술이 필요한 다른 공예와는 달리 스탬프와 잉크패드만 있으면 바로 시작할 수 있다. 단순한 스탬핑 놀이에서 아름다운 장식품 제작과 예술적 표현까지 가능한 매력 넘치는 공예이기도 하다. 한번 빠져들면 좀처럼 헤어 나오기 어려운 스탬프 아트의 세계로 들어가보자.

■ 스탬프

글씨나 이미지가 고무 표면에 각인되어 폼에 붙어 있는 도구를 스탬프 혹은 러버 스탬프(Rubber Stamp)라고 한다. 스탬프의 이미지나 패턴에 잉크를 묻혀 종이 등에 복사하는 데 사용한다. 스탬프 아트에서는 고무에 새겨진 스탬프뿐만 아니라 폼 스탬프나 클리어 스탬프를 총칭하여 러버 스탬프라고 부르기도 한다.

■ 스탬핑

잉크가 충전된 잉크패드를 스탬프 위에 대고 손으로 압력을 가하여 두드린 후 종이 등의 표면에 찍고 복사하는 과정을 말한다. 잉크의 성질에 따라 나무, 천, 유리, 거울, 플라스틱 등에도 스탬핑할 수 있다.

■ 스탬프 아트

스탬프(Stamp)와 아트(Art)의 합성어로 스탬핑에 예술적 표현을 더한 것을 말한다. 스탬프 이미지에 채색하는 것부터 시작해 몇 가지 기법에 창의성과 독창성을 더하면 예술적 감각이 넘치는 작품을 만들 수 있다. 카드 만들기를 기본으로 포장 태그, 플래너, 스크랩북킹, 변형 아트, 성경 저널링, 메일 아트, 인테리어 장식 등 다방면으로 활용하며 믹스드 미디어 작업도 가능하다.

● ● ● ● ● 다양한 공예와의 컬래버레이션 ● ● ● ● ●

최근엔 양초 공예, 석고 공예, 비누 공예, 클레이 공예, 우드 공예, 도자기 공예, 가죽 공예, 자수 등에도 스탬프 아트를 활용한다. 스탬핑뿐만 아니라 스탬프 도구와 재료도 다양한 공예에 사용한다.

스탬핑한 이미지에 자수를 놓은 바느질함 뚜껑(고우니님)

스탬프를 이용한 스크랩북 장식(모티시아님)

스탬프를 이용한 변형 스크랩북 앨범 장식(스윗 트레즈님)

스탬프 도구를 활용한 종이 감기 카드(로단테님)

스탬프를 이용한 빈티지 액세서리 장식(보니님)

스탬프를 이용한 석고방향제 장식(보니님)

■ **스탬프의 역사**

아주 오래전 원시인들이 손바닥에 묻은 과즙이나 진흙을 바위에 찍으면서부터 시작했다고 볼 수 있다. 오늘날 크래프터들이 사용하는 스탬프는 1736년경 아마존강을 탐험하던 프랑스 과학자가 고무나무에서 추출한 고무를 발견한 후, 1844년 찰스 굿이어(Charles Goodyear)가 말랑거리고 끈적거리던 고무를 고체화하는 기술을 우연히 발견하고 발전시키면서 탄생했다.

고무로 도안 틀을 만들어 최초로 스탬핑한 것은 '우표(Postage Stamp)'였다. 당시 우표는 러버 스탬프라 불렸으며, 요즘도 같은 의미로 쓰인다. 초창기의 러버 스탬프는 손잡이가 달려 있는 도장으로 주로 주소나 회사명, 라벨, 날짜 등을 찍는 사무용품이었다. 개인적으로는 간단한 장식이나 카드 메이킹에 사용되었는데, 미국을 중심으로 각양각색의 스탬프가 쏟아져 나오면서 활용범위가 넓어졌다. 오늘날에는 광범위한 크래프트에 응용되고 점차 예술적 표현의 도구로 발전하고 있다.

우리나라에서는 문구점에서 다이어리용 팬시 도장을 판매하는 정도였다가 2002년 아트 스탬프를 직접 제작하는 업체가 문을 열고 수입업체들이 등장하면서 스탬프에 열광하는 마니아층이 형성되었다.

태그

스탬프를 활용한 작업은 대개 태그로 시작한다. 작은 태그 위에 스탬프만 콩! 찍어도 예쁜 책갈피가 만들어진다. 태그는 장식을 겸한 선물이 되기도 하고, 간단한 카드를 만들 수도 있으며, 여러 개를 연결하여 배너로 쓰기도 한다. 태그는 스탬핑의 기본 테크닉을 익힐 때도 유용하다.

●●●● **기본 태그 변형하기** ●●●●

기본 태그 외의 형태를 사용하거나 둥근 태그 강화링의 모양을 변형하여 장식으로 활용한다. 태그 강화링의 크기를 다양하게 만들고, 태그 홀의 위치를 바꾸어 만들어도 특색 있는 태그 장식이 된다.

다양한 모양의 태그 만들기

태그 강화링의 모양 변형하기

태그 홀의 위치 바꾸기

태그 강화링의 크기 변형하기

■ 태그 카드

종이를 반으로 접어 가위로 자르거나 다이로 윗부분이 잘리지 않게 부분 커팅하여 태그 카드를 만들 수도 있고, 태그를 카드의 메인 장식으로 사용할 수도 있다.

■ 장식 태그

완성된 태그 여러 개를 줄에 걸면 장식 배너가 된다. 지그재그로 나란히 붙여서 병풍처럼 만들면 세울 수도 있다. 작은 태그는 물건 이름을 써두는 라벨로 활용이 가능하다.

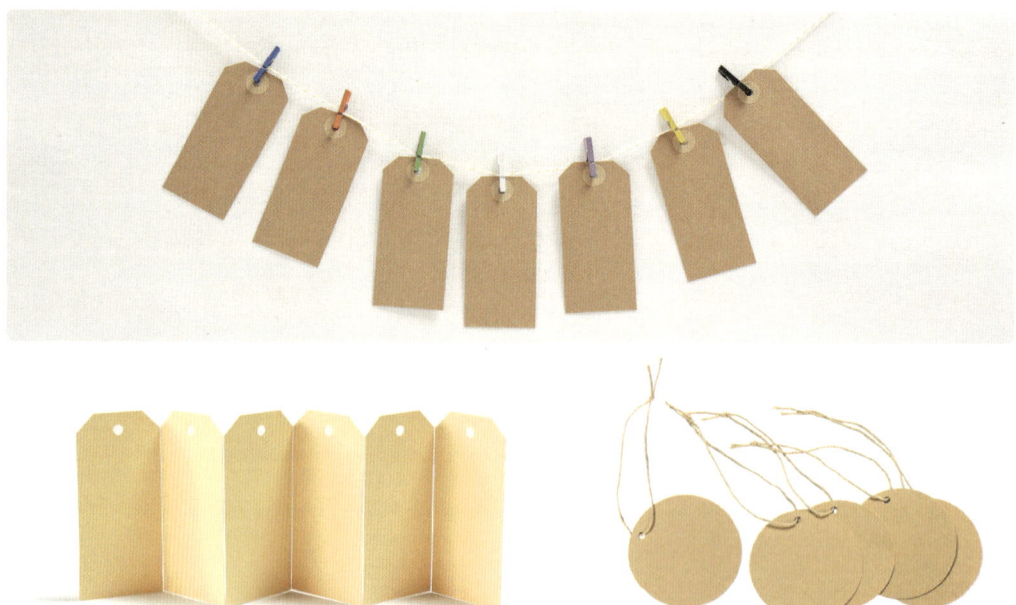

■ 포장 태그

선물을 포장할 때 작은 태그는 포인트로, 큰 태그는 메인으로 장식한다. 다양한 모양을 레이어드하면 태그만으로도 눈길을 끈다. 비닐이나 단단한 판자, 우레탄, 패브릭 소재 등으로 만든 기존 상품을 재활용해본다.

■ 책갈피 태그

책 속에 끼우는 용도이므로 부피감이 없게 만드는 것이 좋다. 책갈피에 끈을 매달거나 마크를 변형해보고, 책과 같은 분위기로도 만들어본다.

카드

스탬프 아트의 꽃은 카드메이킹이다. 카드지에 스탬프 이미지를 활용한 여러 테크닉을 멋지게 표현할 수 있다. 요즘은 SNS로 쉽게 소식을 전하지만 정성껏 만든 카드는 받는 사람에게 즐거움과 행복을 줄 수 있기에 보람이 느껴진다. 기본적인 카드의 종류와 카드를 변형하여 응용할 수 있는 방법을 몇 가지 소개한다.

●●●● **내용에 따른 카드** ●●●●

카드는 보내는 사람, 받는 사람에 따라 내용이 달라지기 때문에 종류가 무척 다양하다. 일반 카드, 감사 카드, 생일 카드, 축하 카드, 어린이 카드, 사랑 카드, 안부 카드, 위로 카드, 격려 카드, 병문안 카드, 명절 카드, 초대 카드 등으로 구분할 수 있다.

●●●● **형태와 소재에 따른 카드** ●●●●

카드의 모서리를 2군데 또는 4군데 펀칭하여 변화를 준다. 코너 펀치의 각도에 따라 둥글거나 직각에 가까운 모서리가 만들어진다. 다이 템플릿을 이용하여 부분 커팅하면 다양한 모양의 카드를 만들 수 있다. 아세테이트지를 이용한 카드, 벨룸지를 이용한 카드처럼 종이 외 재질(패브릭, 사진, 우드베니어 등)을 사용할 수도 있다.

■ **폴딩 기법을 응용한 카드**

카드지 접는 방법(Folding)을 달리하면 다양한 형태의 폴드(Fold) 카드가 만들어진다.

- 이젤 카드(Easel Card): 2단이나 3단으로 접어 이젤처럼 세울 수 있다.
- 액자 카드(Frame Card): 종이를 접어 액자를 만드는 기법을 응용한다.
- 곡선 카드(Flexy Fold Card): 양쪽에 날개를 만들어 둥글게 휘어지게 만든다.
- 트라이 폴드 카드(Tri Fold Card): 3면으로 접는 카드를 총칭한다. 칼집을 내어 지그재그 앨범처럼 보이도록 만들 수도 있다.

- **아코디언 카드**(Concertina Card): 지그재그로 접었다가 펴서 대각선으로 비스듬히 자른 후 다시 접는다.
- **대문 카드**(Gate Fold Card): 앞면을 좌우로 열리게 접고, 가운데에 장식을 붙여 여밀 수 있도록 만든다.
- **텐트 카드**(Tent Card): 카드가 벌어지지 않도록 받침대를 만든다.
- **계단 카드**(Stepper Card): 계단처럼 점점 높아지도록 접는다.

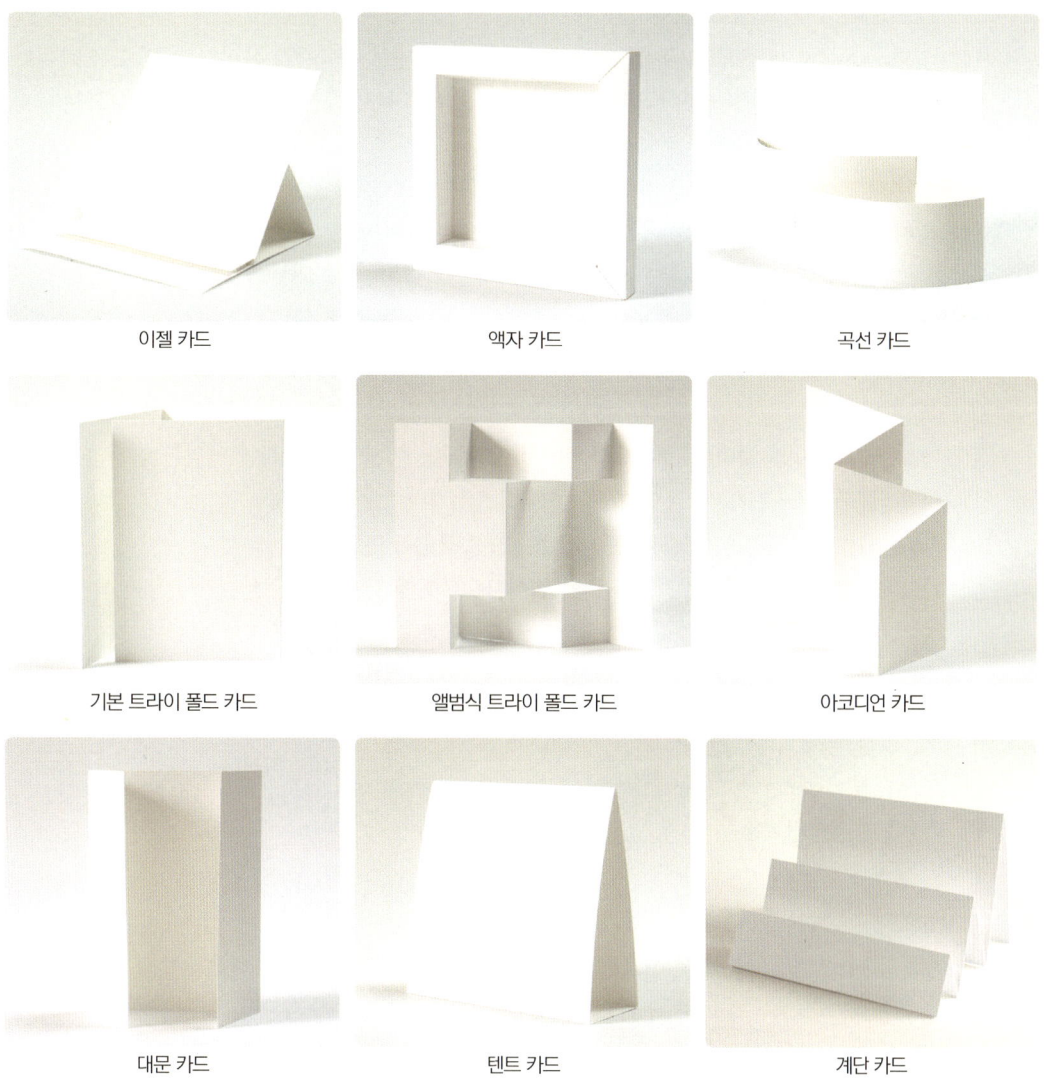

이젤 카드 　　　　 액자 카드 　　　　 곡선 카드

기본 트라이 폴드 카드 　　 앨범식 트라이 폴드 카드 　　 아코디언 카드

대문 카드 　　　　 텐트 카드 　　　　 계단 카드

■ **상호작용 카드**

보통의 카드에 움직이는 효과를 더하여 재미와 즐거움을 준다.

- **경첩 카드(Hinge Card):** 이음쇠 장식인 작은 브래드를 이용하여 카드를 겹쳐서 연결해두고 윗면의 이미지를 옆으로 밀어서 아랫면의 이미지를 볼 수 있게 만든다.
- **와이퍼 카드(Wiper Card):** 좌우로 움직이게 만든다.
- **스핀 카드(Spin Card):** 앞면에 뚫어둔 곡선이나 직선을 따라 메인 이미지가 움직일 수 있도록 만든다. 이미지의 뒷면에 작은 동전 같은 걸 부착하면 쉽게 움직일 수 있다. 달리는 자동차 등을 표현할 때 적당하다.
- **셰이커 카드(Shaker Card):** 다양한 모양의 구멍을 낸 후 스팽글 등을 넣고 아세테이트지를 붙이면 카드가 움직일 때마다 흔들리는 소리가 들린다. 폼을 붙여 입체감을 줄 수도 있지만 비닐봉지를 이용하면 부피감 없이 납작하게 만들 수 있다.
- **네버엔딩 카드(Never Ending Card):** 카드를 열면 한 면이 보이고 또 열면 다른 면이 보이는 과정이 반복되도록 만든다.
- **슬라이드 카드(Slide Card):** 이미지를 쭉 잡아당길 수 있도록 만든다.
- **폭포 카드(Waterfall Card):** 슬라이드 카드와 비슷하지만 손잡이를 잡아당기면 연결된 이미지들이 차례차례 열리면서 폭포가 떨어지는 느낌을 준다.
- **스윙 카드(Swing Card):** 메인 이미지에 실을 매달아 흔들리도록 만든다.
- **팝업 카드(Pop Up Card):** 카드를 열면 이미지가 튀어나오도록 만든다.

공 2개가 움직이는 스핀 카드

정리와 보관

상자 하나면 족했던 재료가 우리 집 거실의 반을 채울 만큼 늘어났다. 그사이 재활용 상자에 담겼던 재료들은 전용 상자나 서랍으로 옮겨졌고, 주제별로 나뉘어 제자리를 찾아갔다. 여기서는 무수한 시행착오 끝에 얻은 나만의 정리와 보관 원칙을 소개하고, 뒤이어 재료와 도구를 설명하면서 좀 더 효율적으로 관리하는 방법을 제안해보고자 한다. 크래프터라면 누구나 널찍한 작업실을 소망하지만 개개인이 소장한 재료의 양과 확보할 수 있는 공간이 다르므로 모두에게 적합한 방법이 될 수는 없다. 자신에게 꼭 맞는 정리와 보관 방법을 찾아보기를 바란다.

●●●● **정리와 보관의 원칙** ●●●●

■ **목적은 편리성**

일차적인 목적은 편리성이다. 필요한 재료를 바로 꺼내 사용할 수 있도록 공간 구성이 편리하고 실용적이어야 한다.

■ **버리는 것이 시작**

알고는 있지만 실천하기는 참 어렵다. 필요 없는 것을 골라내고 기부 등의 방법으로 정리하는 과정이 필요하다. 비움은 새로운 저장공간을 의미한다.

작업실로의 초대장

■ **재료의 보존성**

재료와 도구를 오래도록 사용하기 위해서는 '빛에 노출되면 색이 바래는 종이는 어디에 보관할 것인가? 잘 마르는 글루는 어떻게 보관할 것인가?'처럼 재료의 특성에 맞는 장소와 방법을 찾아야 한다.

■ **통일성과 일관성**

재료를 정리할 때는 분류의 기준을 통일하면 편리하다. 스탬프를 주제별로 정리한다면 다이도 주제별로 정리하고, 색상지를 색깔별로 분류한다면 배경지도 같은 순서로 분류하는 등 동일한 기준을 지켜 나간다.

■ 단순성

정리 못지않게 중요한 것은 정리한 상태를 잘 유지하는 것이다. 그러기 위해서는 단순하고 합리적인 시스템을 만든다.

■ 심미성

작은 보관 용기 하나를 구입할 때도 기능적인 면과 시각적인 면을 고려하여 선택한다. 보관 용기의 편리성과 함께 공간의 효율성도 따져보고 색상과 디자인까지 생각하면서 하나둘씩 갖추어 나간다.

■ 라벨링

재료를 찾을 때 매우 유용하며 재료와 도구의 위치를 기억하는 데도 도움이 된다. 각자가 가지고 있는 재료의 양과 도구가 다르고 보관 방법이 달라 세분화하거나 라벨링이 필요 없을 수도 있다. 하지만 작업을 하다 보면 재료가 늘어나기 마련이어서 미리 라벨링해두면 가지고 있는 것을 쉽게 파악할 수 있고, 필요한 것을 현명하게 구매할 수 있다.

● ● ● ● 카드와 작품 보관 ● ● ● ●

카드는 용도에 따라 분류하여 봉투와 함께 하나씩 비닐에 넣어두면 필요할 때 꺼내서 바로 사용할 수 있다. 액자용 작품은 뒷면에 양면테이프로 두꺼운 종이를 붙여 종이가 휘어지지 않도록 보관한다. 콜라주 작품은 손상되기 쉬우므로 앞면에 버블랩을 대어둔다.

만든 순서에 따라 카드나 작품을 모아서 정리해두면 시간의 흐름에 따른 변화를 확인할 수 있다. 완성된 카드나 작품은 상자에 넣어 보관해도 되지만 인테리어 장식으로 활용하는 것도 좋은 방법이다. 멋지게 완성된 나만의 작품을 콘솔이나 장식장에 전시해본다.

재료와 도구

기본적인 도구는 스탬프, 잉크, 종이지만 기술과 아이디어가 발전함에 따라 스탬핑을 돕는 도구가 끊임없이 출시되고 있다. 다양한 재료와 도구를 살펴보고 사용법과 보관법을 알아보자.

스탬프

고무뿐만 아니라 아크릴, 폼 등의 재질로 만들어지며 주제와 종류도 무궁무진하다.

●●●●● 재질에 따른 분류 ●●●●●

■ **러버 스탬프**

고무로 만들어진 스탬프를 뜻하지만 다양한 재질의 스탬프를 통칭하기도 한다. 고무 스탬프는 이미지가 깊게 새겨져서 섬세한 스탬핑이 가능하고 쉽게 변형되지 않는다.

- **우드마운트 스탬프**: 고무에 이미지가 각인된 스탬프 뒷면에 접착 폼을 대고 나무 블록을 부착한 것이다. 공간을 많이 차지하고 가격이 비싼 반면, 손에 잡히는 느낌이 좋고 압력을 균일하게 줄 수 있기 때문에 스탬핑이 깔끔하고 또렷하다.
- **클링(리포지션) 스탬프**: 빨간색 고무 스탬프 뒷면에 푹신한 클링 폼이 붙어 있어서 필요할 때마다 아크릴 블록에 부착해 사용한다. 클리어마운트 스탬프라고도 하며 자리를 차지하지 않아 보관이 편리하다.

–언마운트 스탬프: 클링 폼이 없는 고무 스탬프이다. 고무판의 이미지를 잘라 뒷면에 리포지션시트(EZ Mount Static Cling Mounting Foam)를 붙여 사용하거나, 재사용하는 리포지션시트(Tsukineko Tack'N Peel)를 아크릴 블록에 부착하여 사용한다.

■ 클리어 스탬프

아크릴 스탬프(Acrylic Stamp), 폴리머 스탬프(Polymer Stamp), 포토폴리머 스탬프(Photo-Polymer Stamp)라고도 하며 아크릴로 만들어진 스탬핑 블록에 부착해 사용한다. 투명한 아세테이트 시트지에 같은 주제의 이미지가 모여 있어서 경제적이고, 스탬핑을 마치면 투명 시트지에 다시 부착해 CD 케이스나 비닐백에 넣어 보관하므로 공간을 많이 차지하지 않는다.

다만 러버 스탬프보다 강도가 약하므로 찢어지는 경우가 있고, 스탬핑하는 압력이나 재질의 탄성에 따라 스탬핑 라인의 섬세함에 차이가 생길 수 있다. 먼지 등이 묻으면 끈적임이 없어져 시트지에 붙지 않으므로 깨끗하게 사용하고, 작은 스탬프는 잃어버리기 쉬우므로 주의한다.

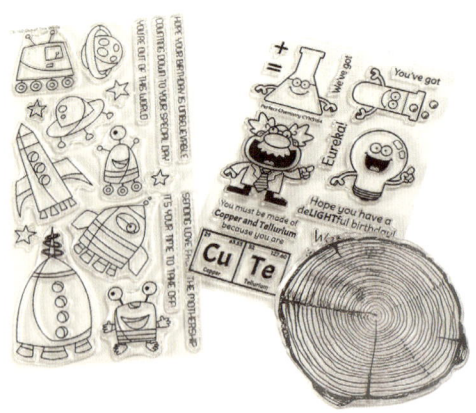

■ 폼 스탬프

- 크래프트 폼/EVA 폼 스탬프: 폼을 잘라 이미지를 만든 스탬프를 말하며, 단순하면서도 큰 이미지가 많다. 이미지와 함께 폼의 질감도 스탬핑되고, 잉크패드 대신 페인트를 사용하기도 한다. 보관할 때는 폼이 눌리지 않도록 주의한다. 가벼워서 어린이들의 스탬핑 놀이에도 자주 사용된다.
- 폼마운트 스탬프: 러버 스탬프에 가볍고 저렴한 폼 블록을 마운트한 것이다. 폼으로 이미지를 만든 스탬프와 함께 폼 스탬프라고 불린다.

■ 여러 재질의 스탬프

지우개 스탬프나 단단한 리놀판을 특수한 도구(Linoleum Cutter)로 깎아서 만든 리노 스탬프도 있다. 와인 마개(코르크)를 재활용하거나 채소 도장, 버블랩, 뜨개레이스 등 주변의 사물을 스탬프로 이용할 수 있다. 스탬프 이미지를 컴퓨터 파일로 다운로드하여 사용하는 디지털 스탬프는 크기를 바꿀 수 있고, 컬러링 연습에도 유용하다. 단 두꺼운 종이, 나무, 옷감, 유리 등에는 스탬핑할 수 없다.

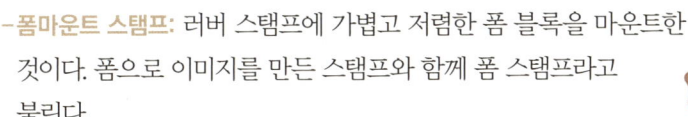

● ● ● ● 형태에 따른 분류 ● ● ● ●

■ 큐브 스탬프

정육면체 우드 큐브의 4면에 러버 스탬프가 부착되어 있다.

■ 양면 스탬프

우드 블록의 앞면과 뒷면에 러버 스탬프가 부착되어 양면으로 사용할 수 있다.

■ 롤 스탬프

잉크가 내장되어 롤링하면 스탬프 이미지가 반복해서 찍히며 주로 배경에 사용한다.

■ 로터리 스탬프

날짜 등 작은 글씨와 여러 종류의 이미지가 새겨진 스탬프의 휠을 돌려가며 사용한다.

■ 사무용 만년 스탬프

잉크가 내장되어 회사명이나 사무 인장 등을 반복해서 찍을 수 있다.

■ 페그 스탬프

작은 이미지가 새겨진 스탬프를 길쭉한 원형 나무 토막에 마운트한 것이다.

■ 장식 스탬프

인테리어 소품 같은 장식 겸용 스탬프를 말한다.

> **소소한 TIP**
>
> 솔리드 스탬프는 스탬프의 넓은 면이 찍히는 것이다. 실루엣 스탬프가 이에 해당하며 음각 스탬프라고도 한다. 아웃라인 스탬프는 스탬프의 가는 선이 찍혀서 이미지의 형태를 이루는 것이다. 대부분의 스탬프가 아웃라인이며 양각으로 각인되어 있다.

● ● ● ● 용도에 따른 분류 ● ● ● ●

■ 보더 & 기호 스탬프

배경의 가장자리를 장식하는 것과 특수기호 등을 모아둔 것이다.

■ 콜라주 스탬프

주인공과 배경이 어우러지도록 콜라주 느낌으로 만든 것이다.

■ 실루엣 스탬프

이미지가 그림자 형태이며 서정적 느낌을 표현하고자 할 때 유용하다.

■ 플래너 스탬프
다이어리나 플래너에 기록할 때 필요한 미니 스탬프들을 모아둔 것이다.

■ 컬러 레이어링 스탬프
한 이미지를 여러 색으로 겹쳐 찍기 위한 용도로, 대개 솔리드 스탬프와 아웃라인 스탬프를 레이어 드한다.

■ 미러 스탬프
스탬프의 이미지를 상하좌우 대칭으로 찍을 때 사용한다.

■ 커스텀 스탬프
자신만의 사인, 주소, 문장 등 원하는 디자인을 주문 제작한 것이다.

스탬프 구입하기

처음에는 다용도로 사용할 수 있는 스탬프를 고른다. 꽃 스탬프는 찍기만 해도 장식이 되고, 컬러링을 연습하거나 스탬핑 기법을 익힐 때도 유용하다. 메시지와 이미지가 함께 새겨진 스탬프는 사용범위가 한정적이므로 메시지와 이미지를 따로 구입한다.
간단한 메시지를 모아둔 클리어 스탬프는 핸드메이드 카드에 활용하기 좋다. 카드의 분위기에 어울리는 글씨체로 내용을 프린트하여 사용하거나 손글씨를 이용하는 것도 좋은 방법이다. 사실적이고 빈티지한 스탬프는 생각보다 또렷하게 찍히지 않는다. 처음에는 단순 명료한 이미지의 스탬프를 선택한다.

● ● ● ● 스탬핑 도구 ● ● ● ●

■ 아크릴 블록
스탬핑 블록 또는 클리어 블록이라고도 한다. 클리어 스탬프나 클링 스탬프를 부착하여 스탬핑을 돕는 손잡이 역할을 한다. 스탬프에 맞춰 사용할 수 있도록 블록의 크기와 형태가 다양하다.

■ 스탬프 프레스(Fiskars Compact)
아크릴 블록의 발전된 형태로 스펀지 폼이 플라스틱판 아래 달려 있어 동일한 압력으로 정확한 위치에 스탬핑하도록 돕는다.

■ 스탬프 포지셔너(EK Stamp-A-Ma-Jig)
주로 우드 스탬프의 이미지를 특정한 지점에 찍도록 도와주는 L자형 도구다. 투명한 아세테이트지 또는 아크릴판에 먼저 스탬핑한 후, 아크릴판을 스탬핑할 자리에 옮겨 포지셔너로 위치를 잡은 다음 아크릴판을 치우고 스탬핑하면 된다.

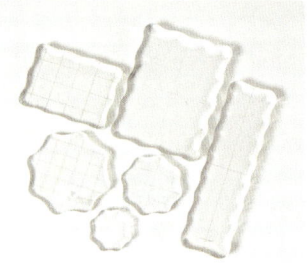

아크릴 블록

■ 스탬핑 툴
스탬프 프레스와 포지셔너의 발전된 형태로 아크릴 블록 역할을 하며 다양한 스탬핑 기법에 사용한다.

- We R Memory Keepers Precision Press: 종이를 막는 턱이 없어 종이 크기에 관계없이 사용할 수 있다.
- MISTI & MINI MISTI Precision Stamper: 처음 개발된 스탬핑 툴로서 스탬핑 기술에 혁신적 발전을 가져왔다.
- Tim Holtz Stamping Platform: 여닫는 아크릴판의 양면을 사용하여 클리어와 클링 스탬프에 모두 편리하다.
- 보조 도구들: 눈금이 있는 투명 아세테이트지는 종이에 스탬프를 놓고 위치를 잡을 때 유용하다. 종이를 고정하는 마그네틱은 자력이 너무 세서 깨지기 쉬우므로 길쭉한 마그네틱을 사용하거나 찢어지지 않는 패브릭테이프로 앞뒤를 감싸 손잡이를 만들면 좋다.

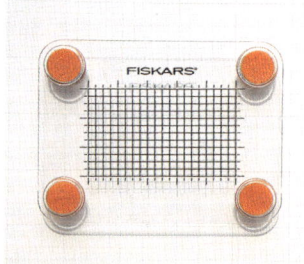

스탬프 프레스

스탬프 포지셔너

■ 스탬핑 매트(Sizzix Stampers Secret Weapon)
우레탄 재질의 매트이며 종이 밑에 깔고 스탬핑하면 좀 더 선명하게 찍힌다.

MISTI & MINI MISTI Precision Stamper

■ 리포지션시트

- **EZ Mount Static Cling Mounting Foam:** 한쪽은 언마운트된 러버 스탬프에 붙이고 다른 쪽은 아크릴 블록에 부착하여 클링 스탬프로 만들어주는 탄력 있는 양면 폼시트다.
- **Tsukineko Tack'N Peel:** 양면에 접착력이 있는 젤리형 시트로, 아크릴 블록에 부착하여 사용한다. 언마운트된 러버 스탬프를 뗐다 붙였다 반복할 수 있다.

Tim Holtz Stamping Platform

스탬핑 툴 사용하기

스탬핑 툴에 종이를 자석으로 고정한 후 스탬프를 올려두고 경첩으로 연결된 투명한 아크릴판을 닫으면 스탬프가 아크릴판에 부착된다. 스탬프에 잉크를 묻힌 후 다시 투명판을 닫고 압력을 가하면 원하는 위치에 스탬핑된다.

정확한 위치에 깔끔하게 스탬핑하도록 도와주며 기본적인 스탬핑뿐만 아니라 반복적으로 작업하거나 레이어드 스탬핑 등의 기법에 활용할 수 있다. 질감이 있는 종이에 스탬핑할 때 잉크가 흐릿하면 다시 잉크를 묻혀 아크릴판 여닫기를 반복하면 깨끗한 이미지를 얻을 수 있다.

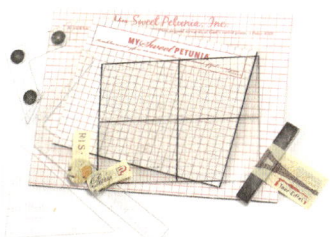

보조 도구들

스탬핑 매트

스탬핑 도구 구입하기

아크릴 블록은 중간 크기 이상을 선택해야 두루 사용하기 좋다. 두께감이 있고 스탬핑 라인이 격자로 새겨진 것이 편리하다. 스탬핑 매트가 없다면 탄성이 있는 마우스패드를 깔고 스탬핑해도 된다. 스탬핑 툴은 다소 고가지만 다른 도구가 필요 없을 만큼 활용도가 높으므로 중급 이상의 스탬퍼라면 구입을 권장한다.

리포지션시트

●●●● 스탬프의 보관 ●●●●

■ 스탬프 정리하기

원하는 스탬프를 바로 찾을 수 없다면 정리할 시점이 온 것이다. 나중에 한꺼번에 정리하려면 많은 시간과 노력이 필요하므로 처음부터 어떤 기준으로 정리할지 진지하게 고민해보는 것이 좋다.

- 우선 가지고 있는 스탬프를 재질별로 나누고 수량을 파악한다.
- 보관할 용기를 결정하고 수량에 맞춰 준비한다. 이때 스탬프가 점점 늘어날 것을 대비해 지속적으로 구입 가능한 보관 용기를 선택한다.
- 재질별로 나눈 스탬프들을 좀 더 구체적인 기준으로 세분화하여 정리한 후 라벨링한다.

■ 스탬프 보관하기

직사광선이 닿지 않는 서늘하고 건조한 곳에 보관하고, 클리어 스탬프는 먼지가 묻지 않도록 주의한다. 컬렉션이 늘어날 것을 대비해 공간을 넉넉하게 확보해두는 것이 좋다.

- 우드마운트 스탬프의 보관: 선반에 세워서 진열하면 보기도 좋고 찾기도 쉽지만 우르르 쏟아지거나 먼지가 쌓이고 공간을 많이 차지하는 단점이 있다. 또 얕은 상자에 담아서 보관하면 쌓아두기 좋고 공간도 덜 차지하지만 하나씩 꺼내는 것이 불편할 수도 있다.

스탬프가 눌리지 않도록 한두 층만 쌓아 보관할 수 있는 얕은 서랍장을 이용하면 스탬프를 찾고 꺼내기 쉽다. 스탬프 이미지를 아래 방향으로 해서 크고 무거운 스탬프를 밑에 깐다. 깊은 서랍에 보관해야 한다면 우드 스탬프가 눌리지 않도록 세워둔다.

우드와 스탬프를 분리하여 클링 스탬프로 재탄생시키면 부피를 줄이고 기존의 클링 스탬프와 같은 공간에 보관할 수 있게 된다.

- 클링 스탬프의 보관: CD 케이스에 넣어 판매되는 스탬프는 같은 회사의 제품끼리 보관하는 것도 좋은 방법이다. 클링 스탬프는 단단한 반투명 필름지에 붙이거나 클리어 파일 케이스에 부착하여 보관할 수 있다. 파일 케이스는 책장에 세워두면 보관이 쉽고 꺼내서 사용하기도 편리하다. 클링 스탬프를 부착한 단단한 반투명 필름지에 구멍을 뚫어 바인더에 끼워도 된다.

배경 클링 스탬프는 대개 4×6in 혹은 6×6in이므로 크기별로 모아서 바구니 또는 서랍장에 보관하거나 바인더에 끼워둔다. 캐릭터 클링 스탬프는 같은 캐릭터끼리 보관한다. 단단한 플라스틱판에 구멍이 3개 뚫려 있는 클링 스탬프는 바인더나 링에 끼워 보관한다. EZ 마운트로 만든 DIY 클링 스탬프는 스탬프 이미지가 따로 없는 경우가 많다. A4 크기의 흰 종이에 스탬핑하여 반투명 필름지의 뒷면에 붙여두면 이미지도 보이고 보관할 자리를 쉽게 찾을 수 있다. 클링 스탬프의 수량이 많지 않다면 같은 주제의 클리어 스탬프와 함께 보관한다.

– 클리어 스탬프의 보관: 먼지가 묻으면 접착력이 떨어지므로 포장지에 그대로 두거나 스탬프 보관용 비닐봉지 또는 CD 케이스에 넣어 보관한다. 주제별로 보관하는 경우에는 클리어와 클링 스탬프를 파일 케이스에 함께 담아두면 쉽게 찾을 수 있다.
다양한 크기의 스탬프 보관용 비닐봉지(Avery Elle Stamp사와 Simon Says Stamp사의 Storage Pockets)는 두껍고 단단하며, 클리어 스탬프의 크기에 맞춰 보관할 수 있다. 비닐에 넣은 클리어 스탬프는 플라스틱 파일 케이스에 나란히 세워서 보관한다. 스탬프와 다이가 세트인 경우에는 매칭다이도 비닐봉지에 넣어둔다.

■ 클리너 도구 및 아크릴 블록 보관하기

클리닝 스크러버패드와 아크릴 블록은 스탬핑할 때 사용하는 도구이므로 한곳에 보관한다. 스탬프 포지셔너 등도 같은 기능이므로 함께 보관하는 것이 좋다. 스탬핑 툴(MISTI)은 파우치나 비닐봉지에 부속 도구와 같이 담아 책장 등에 세워서 보관한다. 클리너 용액은 세워두고 워터스프레이도 함께 보관한다.

잉크패드

스탬프 아트에서 사용하는 잉크는 거의 무독성이며 오래도록 색감이 변치 않는다. 색상은 물론 소재와 형태, 용도 등이 매우 다양하므로 차근차근 알아본다.

■ 다이 잉크패드

- **수성 기반의 다이 잉크패드:** 가장 많이 사용하는 잉크로, 물에 녹는 염료를 이용하여 만들었다. 맑은 느낌의 잉크가 펠트패드에 적셔져 있다. 다이 잉크는 피그먼트 잉크에 비해 저렴하며 사용하는 종이에 따라 염료의 색상이 다르게 보인다. 종이에 흡수되며 빨리 마르는 특성이 있는데, 짙은 색 종이에 사용하면 컬러가 잘 나타나지 않으므로 흰색이나 밝은 색상지에 스탬핑할 때 사용한다.
- **유수성 기반의 다이 잉크패드:** 하이브리드 잉크나 프리미엄 다이 잉크라고도 한다. 수성 잉크의 장점에 유성 잉크의 장점을 더하여 수채 컬러링뿐만 아니라 알코올을 기반으로 하는 마커 컬러링 등에서도 잉크의 번짐이 없다. 스탬프의 재질에 상관없이 이미지가 선명하게 찍히는 장점이 있으나 수성 다이 잉크보다는 스탬프에 착색이 잘 되는 편이다.

다이 잉크패드   하이브리드 잉크패드

■ 피그먼트 잉크패드

색소의 재료인 안료로 만들었으며, 선명하고 풍부한 색감을 지닌 잉크가 푹신한 스펀지패드에 적셔져 있다. 잉크의 색상을 볼 수 있도록 대부분 뚜껑이 투명하고, 눈에 보이는 색과 종이에 찍히는 색이 동일하다. 종이에 잉크가 흡수되지 않고 천천히 마르므로 히트 엠보싱에 사용한다. 스탬핑과 반대로 잉크패드는 쉽게 건조되기 때문에 리필잉크를 함께 구입하는 것이 좋다.

■ 초크 잉크패드

다이 잉크와 피그먼트 잉크의 성질을 다 가지고 있다. 피그먼트 잉크보다 빨리 마르고, 잉크가 마르면 부드럽고 보송한 느낌이며 불투명해진다.

■ 유성 잉크패드

오일 기반의 잉크는 방수 성질을 지니며 빨리 마른다. 종이뿐만 아니라 매끄러운 금속과 유리, 플라스틱, 옷감, 가죽 등의 표면에 사용할 수 있다. 보존성이 좋아 주로 문서에 사용하며, 유성 잉크를 사용한 후에는 전용 클리너로 닦아내야 한다.

피그먼트 잉크패드　　　초크 잉크패드　　　유성 잉크패드

■ 히트 엠보싱용 잉크패드

- 워터마크 잉크패드(Tsukineko VersaMark Watermark Inkpad): 히트 엠보싱용으로 만들어진 투명하고 점성이 있는 잉크패드다. 리지스트 기법에도 사용하며, 배경지에 물 자국 효과를 낼 수 있다.
- 리지스트 잉크패드(Ranger Clear Resist Inkpad): 투명하고 깔끔한 리지스트 기법에 사용하는 잉크패드로, 히트 엠보싱도 가능하다.

■ 그 밖의 잉크패드

- 패브릭 잉크패드: 옷감뿐만 아니라 우드, 슈링크 플라스틱 등에 사용하며 잉크가 완전히 마른 후에

다림질로 열을 가하여 스탬프 이미지를 고정한다.
- **어린이용 잉크패드:** 무독성으로 안전하고 물에 잘 닦인다.
- **레이어링 잉크패드:** 밝은색부터 점점 어두운 색상의 잉크로 구성된 잉크패드 세트다. 스탬프 이미지를 겹쳐서 찍으면 하나의 이미지에 음영이 생긴다. 컬러 레이어드 스탬핑에 주로 사용한다.
- **옴브레 잉크패드:** 하나의 패드에 3가지 색상의 잉크가 나란히 충전된 다이 잉크패드다. 뚜렷한 경계 없이 자연스러운 그러데이션과 깊이감을 주고자 할 때는 스탬프를 다이 잉크패드 위에서 조금씩 앞뒤로 흔들면서 블렌딩하여 잉킹한 후 스탬핑한다.
- **멀티 컬러 잉크패드:** 레인보 잉크라고도 하며 피그먼트 성질을 지니고 있다. 하나의 패드에 여러 색상의 잉크가 충전되어 선명한 라인이 돋보이며 화려하거나 다이내믹한 느낌을 준다. 작은 스탬프로 한 색상씩 스탬핑할 수도 있고, 큰 스탬프로 여러 색상을 한꺼번에 스탬핑할 수도 있다.
- **DIY 잉크패드:** 잉크가 없는 잉크패드로 리필잉크를 배합하여 나만의 컬러를 만들거나 리필잉크로 문양을 만들 수 있어 스탬핑할 때 유용하다. 커다란 폼이나 펠트를 잘라서 사용하거나 화장품 스펀지를 이용해도 된다.
- **리필잉크:** 잉크가 소진되어 스탬핑이 잘 안 될 때 사용하는 충전용이다. 잉크패드의 펠트나 폼 위에 지그재그로 짜서 잉크가 고루 흡수될 때까지 기다렸다가 사용한다.
- **스탬핑 마커:** 스탬프에 직접 칠하고 여러 색상을 쓸 수 있으므로 멀티 컬러 스탬핑이 가능하다. 수채마커나 천천히 마르는 마커를 사용하는 것이 좋다. 스탬프에 마커를 칠하기 전에 스프레이를 살짝 뿌리거나 마커를 칠한 곳에 입김을 불어 습기를 머금게 하면 마르지 않고 선명하게 스탬핑된다.
- **잉크 용해제:** 건조해진 잉크패드를 다시 촉촉하게 만드는 스프레이 용액이다. 잉크패드에 2~3회 뿌리고 잠시 기다렸다가 이면지에 테스트해본 후 사용한다. 건조해진 수성 마커에도 사용이 가능하다.

패브릭 잉크패드　　　　어린이용 잉크패드　　　　레이어링 잉크패드

   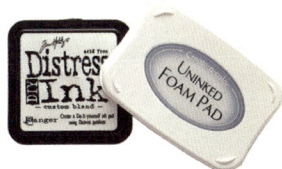

옴브레 잉크패드　　　　　멀티 컬러 잉크패드　　　　DIY 잉크패드

리필잉크　　　　　　스탬핑 마커　　　　　잉크 용해제

잉크패드 구입하기

검정 잉크는 유성 작업에 사용할 다이 잉크와 수채 작업에 번짐이 없는 유성 잉크가 필요하다. 유성과 수채 작업 모두 가능한 하이브리드 검정 잉크를 구입하는 것도 좋은 방법이다. 컬러 잉크는 처음에는 기본적인 색감을 갖춘 다이 미니 잉크패드를 구입한다. Tim Holtz Distress 잉크패드는 번짐이 많아 깔끔한 스탬핑은 어렵지만 다양한 스탬핑 기법을 사용할 때 매우 유용하다. 색감이 풍부한 피그먼트 잉크나 초크 잉크를 구입한다면 Colorbox Cat's Eye 잉크패드 세트가 6가지 색상을 한꺼번에 사용할 수 있어서 경제적이다.

검정 잉크패드 비교하기

- **Memento Inkpad**: 선명하고 밝은 색감의 다이 잉크로 유성 마커에 번짐이 없어 컬러링할 때 많이 쓴다.
- **Hero Arts Intensive Inkpad**: 유성 마커 컬러링와 수성 컬러링에 둘 다 번짐 없이 사용할 수 있다.
- **Tsukineko VersaFine Onyx Inkpad**: 오일 베이스의 불투명한 피그먼트 잉크로 메시지 스탬핑이나 수채 작업에 유용하다. 특히 클리어 엠보싱 파우더를 이용한 히트 엠보싱 기법에 많이 사용한다.
- **Tsukineko StāzOn Inkpad**: 매끄러운 표면에 사용하기 좋으며, 매우 빨리 건조되어 리필잉크가 필요하다.
- **Ranger Archival Inkpad**: 방수가 되므로 수채 컬러링할 때 적합하고 보존성이 있다. 다양한 재질에서 선명한 스탬핑이 가능하지만 매끄러운 재질에서는 히트 툴로 건조해주는 것이 좋다.

■ 잉크 블렌딩 도구

- **블렌딩 툴(Ranger/Mini):** 나무 손잡이에 스펀지 폼을 부착하여 잉크를 묻혀 블렌딩하는 도구다. 직사각형 폼의 모서리를 둥글게 잘라내어 사용하면 모서리 자국을 줄일 수 있다. 미니 블렌딩 툴은 스펀지 폼이 원형이어서 블렌딩할 때 뾰족한 모서리 자국이 남지 않는다.
- **스펀지 도버(Umbrella Crafts):** 둥근 스펀지를 손가락에 끼워서 사용하는 컬러링 도구로 잉킹, 블렌딩, 스텐실링, 스펀징 등의 기법에 사용할 수 있다. 지름 3.5cm의 둥근 점보 스펀지 도버도 있다.
- **브러시 팁(Fantastix/Bullet):** 컬러를 수정하거나 잉킹 등으로 활용할 수 있는 펜 타입의 도구다.
- **화장용품이나 면봉:** 화장용 스펀지나 팁, 면봉 등도 잉킹이나 블렌딩 도구로 활용할 수 있다.

■ 스탬프 클리너

스탬프에 잉크가 착색되어도 사용에는 문제가 없지만 깨끗하게 사용하려면 스탬핑 후에 바로 닦아주는 것이 좋다. 클리어 스탬프는 물비누와 물로 닦아도 되는데, 러버 스탬프는 마운트된 부분에 물이 묻으면 변형이 올 수 있으므로 잉크 클리너를 사용한다. 잉크뿐만 아니라 더러워진 아크릴 블록이나 크래프트시트 등을 닦을 때도 유용하다. 스크러버패드(Hero Arts Scrubber Pad)에 클리너 용액 (Hero Arts Ultra Clean)을 뿌린 후에 까칠한 패드로 잉크를 닦아내고, 부드러운 패드로 다시 클리너 용액을 닦아낸다. 패드는 물에 씻어서 말린 다음 재사용한다.

- **수성 잉크 클리너**(Ranger Water-Based/Memories): 물휴지로 닦는 것보다 수성 잉크 전용 클리너로 닦으면 착색이 덜하고 스탬프를 좀 더 깨끗하게 사용할 수 있다. 잉크가 묻은 스탬프에 뿌리거나 클리너가 묻은 스펀지를 스탬프에 직접 칠하고 마른 종이로 닦아낸다.
- **유성 잉크 클리너**(Tsukineko StāzOn): 유성 잉크를 사용한 후에는 유성 잉크 전용 클리너를 사용하는 것이 좋다. 단 클리어 스탬프는 유성 잉크 클리너를 사용하면 상하거나 물러질 수 있으므로 물비누나 수성 잉크 클리너로만 닦는다.
- **비누와 칫솔**: 피그먼트 잉크나 초크 잉크는 다이 잉크에 비해 농도가 진한 편이므로 칫솔에 비누를 묻혀 문지르고 물로 헹구면 깔끔하게 닦인다. 자연건조로 완전히 말린 다음 스탬프를 보관한다.
- **물티슈**: 먼지가 남지 않도록 질 좋은 무알코올 물티슈를 사용하는 것이 좋다.
- **스탬프 샤미**(Lawn Fawn Stamp Shammy): 잉크 클리너와 일회용 물티슈 없이도 깨끗하게 잉크를 지워주는 스펀지 재질의 특수 클리너다. 딱딱한 스펀지에 물을 적셔서 스탬프에 묻은 잉크를 닦고 가끔씩 비누로 씻어서 재사용한다.

• • • • 기본 용어 • • • •

■ **잉킹(Inking)**

잉크패드로 종이나 스탬프 등에 색감을 도포하는 것이다.
- 잉크패드를 종이에 직접 문질러 색을 입힌다.
- 블렌딩 툴이나 스펀지 도버를 이용하여 잉크 색상을 입힌다.
- 잉크패드를 종이에 그대로 눌러 잉크패드의 모양과 질감을 스탬핑한다.

잉킹하기

■ **에징(Edging)**

배경지나 다이 커팅, 스탬핑 이미지 등의 가장자리에 잉킹하는 것을 말하는데, 잉크패드로 직접 하거나 블렌딩 툴이나 스펀지 도버를 이용한다.

에징하기

■ **블렌딩(Blending)**

2가지 이상의 잉크나 물감 등의 채색 재료를 자연스럽게 섞는 것이다. 여기서는 주로 블렌딩 툴에 잉크를 묻혀 색이나 명암이 다른 잉크를 겹쳐가며 문질러, 경계 부분이 사라지면서 새로운 색감이 만들어지는 과정을 말한다. 디스트레스 잉크뿐만 아니라 수성 잉크는 대부분 블렌딩이 가능하다.

블렌딩하기

■ **스펀징(Sponging)**

스펀지 툴을 손가락에 끼우고 잉크를 찍거나 색감을 입히는 것이다.
- 스펀지 도버나 점보 도버에 잉크를 묻혀 도버의 모양 그대로 스탬핑한다.
- 스펀지 도버나 점보 도버 등 스펀지 툴로 잉킹하거나 에징하여 색감을 입힌다.
- 종이에 스텐실 템플릿을 대고 스펀징하여 템플릿의 문양에 색감을 입힌다.

스펀징하기

●●●●● 잉크패드의 보관 ●●●●●

■ 잉크패드 정리하기

대개는 같은 제조사의 잉크패드를 모아 색상별로 정리하며 잉크의 성질이나 색상에 따라 분류하기도 한다. 자주 쓰는 잉크패드와 리필잉크는 따로 빼서 가까이에 두고 사용한다. 잉크 클리너도 액체 용기들과 함께 세워서 보관한다.

잉크패드는 뚜껑의 옆면에 색상명과 색상 스티커를 붙여 라벨링해두면 편리하다. 이때 종이에 잉크를 문지르고 건조한 후 원 펀치로 잘라 잉크패드 옆면에 붙이고 투명 매니큐어로 발라두는 방법도 있다. 잉크 색상 차트나 인덱스 카드를 만들어 잉크패드 옆에 두면 작업할 때 원하는 색감을 찾기가 쉽다.

회전식 수납장에 모아둔 액체 용기들

제조사별로 정리한 잉크 색상 차트

태그에 스탬핑하여 만든 잉크패드 인덱스 카드

■ 잉크패드 보관하기

회전식 잉크 보관함과 48개들이 또는 60개들이 잉크패드 수납장은 아쉽게도 우리나라에서 구입하기 어렵다. MDF 목재를 재단하여 직접 만들거나 회전식 화장품 정리대를 활용한다.

미니 잉크패드는 얕은 서랍이나 틴 케이스 또는 파일 케이스에 담아서 보관하면 공간도 줄이고 한눈에 컬러를 볼 수 있다. 모양이 제각각인 잉크들은 투명한 상자나 서랍에 넣어 따로 보관한다. 옴브레 잉크는 3가지 색상의 잉크가 서로 섞일 수 있으므로 평평한 장소에 보관하도록 한다. 잉크패드가 건조해졌을 때는 뒤집어서 보관하면 일시적으로 도움이 된다.

MDF를 재단하여 만든 잉크패드장

얕은 서랍에 정리한 미니 잉크패드

종이

스탬핑과 컬러링을 돋보이게 하는 중요한 재료다. 종이뿐만 아니라 벨륨지, 포일지, 패브릭 등의 특수지도 배경에 두루 사용한다. 여러 종류의 배경을 알아보고 그 특성에 맞게 적절히 활용한다.

■ 흰색 종이
시중에 판매되는 카드지를 사용하는 경우가 많지만 다른 종류의 흰색 종이도 탐색해본다.

- 클래식 크레스트지(Neenah Classic Crest Paper): 부드러운 무광 표면의 고급 종이로 잉크의 번짐과 블렌딩이 좋고 코픽 마커 컬러링을 돋보이게 한다. $300g/m^2$는 카드 베이스로, $216g/m^2$는 카드 패널로 사용한다.
- 코픽 마커지(X-Press It): 코픽사에서 나온 코픽 마커 전용지로 실크 같은 표면을 지닌 고급 용지다. 주로 $250g/m^2$를 사용한다.
- 마시멜로지(페이퍼모아/두성종이): 표면이 매끄러운 고급 용지다. 맑고 투명감 있는 코픽 마커 컬러링을 선호하는 경우에 적합하고 $233g/m^2$나 $262g/m^2$를 사용한다.
- 브리스톨지(Bristol Paper): 부드럽고 맑은 느낌의 고급 용지다. 수성이나 유성 채색 도구를 사용하는 컬러링과 믹스드 미디어 작업에 사용한다.

- **제도지(삼원제지):** 보통의 카드지와 비슷하며 위의 용지들보다 상대적으로 저렴하고, 다양한 도구를 사용하는 컬러링에 무난하다. 주로 260g/m² 를 사용한다.
- **수채화지:** 표면의 질감에 따라 결이 거친 Cold Press와 표면이 부드러운 Hot Press로 나눌 수 있다. Hot Press는 스탬핑이 섬세하고, Cold Press는 수채화지의 느낌을 잘 살려준다. 평량은 300g/m² 이상을 사용하는 것이 좋다. 팀홀츠 수채화지는 양면이 서로 다르므로 원하는 질감을 선택하여 작업할 수 있다.
- **글로시 페이퍼(Ranger Adirondack Alcohol Ink Cardstock):** 알코올 잉크로 블렌딩하거나 뿌리기 등을 작업할 때 사용한다. 사진 인화지로도 가능하다. 글로시한 유광 종이이며 빨리 마르는 유성 잉크패드를 이용하여 스탬핑한다.

■ 색상지

독특한 질감과 두께감을 가지고 있는 크래프트용 중성 색상지를 말한다. 주로 12×12in, 5×11in, 5×7in를 사용한다.

■ 패턴 배경지

여러 디자인과 패턴으로 이루어진 단면 혹은 양면 배경지 세트다. 색감과 패턴을 매칭하여 좀 더 효과적으로 작업할 수 있다. 주로 6×6in를 사용한다.

■ 특수 재질의 배경지

- 벨룸지(Vellum Paper): 부드러우면서도 질긴 반투명 종이로 우아하면서도 고급스러운 효과를 얻을 수 있다. 다양한 색상과 무늬가 있는데, 조금 두꺼운 벨룸지를 선택하여 작업하는 것이 편리하다. 내수성이 있으므로 잉크를 히트 툴로 말려야 하며, 히트 엠보싱 기법으로도 작업할 수 있다. 드라이 엠보싱하거나 가장자리를 찢어서 장식하면 독특한 효과가 난다.
- 메탈릭지(Metallic Paper): 화려하면서도 깔끔한 포인트를 주기에 적합한 금속 느낌의 특수지로 화장품 포장 상자 등을 재활용하여 사용할 수 있다.
- 글리터지(Glitter Paper): 반짝이는 글리터 파우더가 뿌려진 화려한 종이로 다양한 작업에서 장식으로 사용한다.
- 펄지(Pearl Paper): 은은한 진주 같은 펄감이 있는 화려하면서도 고급스러운 느낌의 종이다.
- 포일시트(Foil Sheet): 거울처럼 반사되는 환한 느낌의 메탈 특수지로 포일이 부착되어 장식으로 사용할 수 있다.
- 코스터 보드(Coaster Board): 펄프지 느낌의 두께감 있는 판지로 코스터(컵받침)를 만들거나 페이퍼 퍼품 작업에 사용할 수 있다.
- 우드그레인지(Woodgrain Paper): 자연스러운 나뭇결무늬가 있는 두꺼운 종이다.
- 코르크시트(Cork Sheet): 나무껍질을 가공하여 가볍게 만들었으며, 여러 기법으로 작업할 수 있다.
- 크라프트지(Kraft Paper): 재생 종이를 이용하여 만든 다양한 두께의 갈색 보드지다. 내추럴하고 빈티지한 느낌의 작업과 포장에 사용한다.
- 초크 보드지(Chalk Board Paper): 칠판 같은 느낌의 종이로 분필이나 초크 마커로 그림을 그리거나 글을 쓰고 피그먼트 잉크로 스탬핑할 수 있다.

■ 특수 크라프트지

- **아세테이트지**(Hot off The Press Heat Resistant Acetate): 투명한 카드를 만들 때 사용하며, 오버레이하거나 셰이커 카드의 투명한 창을 만들 때도 사용한다. 열에 변형이 없어 히트 엠보싱할 수 있고, 컴퓨터 프린터로 인쇄도 가능하다.
- **슈링크 플라스틱**(Shrink Plastic): 투명하거나 반투명한 플라스틱지로서 스탬핑하고 컬러링하여 열처리하면 크기가 줄어들면서 작고 단단한 장식품을 만들 수 있다.
- **전사지**(Decalcomania Paper): 유성 잉크로 스탬핑하거나 히트 엠보싱하여 물에 담그면 스탬핑한 부분이 투명하게 분리되어 양초나 유리를 장식할 수 있다.
- **미러시트**(Mirror Sheet): 거울처럼 주변의 사물을 비추는 종이로 다이 커팅과 스탬핑이 가능하다.
- **유산지**(Wax Paper): 반투명한 기름종이로 드라이 엠보싱할 때 조금 잘라 종이에 문지른 후 작업하면 엠보싱 툴이 훨씬 부드럽게 움직인다. 섬세한 디자인의 다이로 커팅할 때 유산지를 종이에 올려서 커팅하면 다이에 종이가 끼지 않고 잘 떨어진다.
- **크래프트 폼**(Craft Foam/EVA Foam): 탄성이 있는 우레탄 소재의 폼으로 작품에 직접 쓰기보다는 잘라서 DIY 폼스탬프를 만들거나 3D 효과를 주기 위해 카드 패널의 뒷부분에 붙여 사용한다.
- **티슈지**(DIY Party Tissue Paper): 장식이나 포장용으로 쓰는 얇은 티슈 묶음이다. 파티용 장식이나 믹스드 미디어 배경에 질감을 입힐 때 사용한다.
- **허니콤시트**(DIY Party Small Honeycomb Sheet): 벌집 모양의 종이패드로 꽃이나 파티 장식볼 등을 만들 수 있다.

■ 패브릭

- **패턴 패브릭(Pattern Fabric)**: 다양한 디자인의 옷감으로 배경에 사용하거나 입체감을 주는 장식물 등을 만드는 데 활용할 수 있다.
- **펠트지(Felt Paper)**: 100% 울로 만든 부드럽고 두꺼운 천으로 커팅머신을 이용하여 모양을 잘라낸 후 바느질하여 장식품을 만드는 데 사용한다.
- **벌랩시트(Burlap Sheet)**: 올이 굵은 삼베로 만든 종이로 독특한 질감을 살려 작업한다.
- **린넨 캔버스(Linen Canvas)**: 캔버스에도 스탬핑과 믹스드 미디어 작업을 할 수 있다. 잉크가 묻은 스탬프 위에 캔버스를 뒤집어 얹고 뒷면을 지그시 눌러 스탬핑하며, 실수했을 때는 젯소를 칠하고 말린 후 재작업한다.

■ 카드지와 봉투

미리 잘라둔 카드지를 봉투와 함께 세트로 구매해두면 편리하다. 미니, 정사각형, 직사각형, 대형 정사각형(6×6in) 등 다양한 크기와 색상이 있다.

■ 태그지

다이나 펀치로 커팅한 태그지를 사용하거나 상품화된 태그를 사용하면 편리하다. 책갈피, 선물 포장 등의 용도로 활용되며 스탬핑 기법을 연습하는 좋은 소재가 되기도 한다.

- **크래프트 태그(Ranger Craft Tag)**: 도톰한 마닐라지 태그로 여러 재질을 사용하여 믹스드 미디어 작업을 할 수 있다.
- **태그 홀 강화링**: 둥근 홀이 뚫린 원형의 스티커로 태그의 구멍이 찢어지지 않게 한다.

● ● ● ● ● 종이의 보관 ● ● ● ● ●

■ 종이 정리하기

가지고 있는 종이의 수량과 종류를 파악하고 분류 기준을 정한다. 세워서 정리할지 눕혀서 정리할지 결정하고, 그에 맞는 선반이나 서랍, 책장 등을 준비한다.

패턴지는 제조사별 특징이 있으므로 브랜드별로 모아두는 것도 좋지만 크기, 색상, 주제, 분위기 등 복합적인 기준으로 정리하는 것이 효율적이다. 크리스마스나 밸런타인데이 등 주제별 분류 기준을 함께 적용하면 필요할 때 꺼내기 쉽다.

색상지는 크기별, 색깔별로 정리한다. 비슷해 보이는 특수지들은 흩어져 있으면 찾기 어려우므로 클리어 폴더나 봉투 등에 넣어 라벨링해둔다. 패브릭이나 울 펠트 등은 같은 크기로 접거나 감아서 색깔별로 정리한다.

■ 종이 보관하기

클리어 폴더에 정리한 특수지들은 한데 모아 파일함이나 책장에 보관한다. 쓰다 남은 종잇조각은 비닐 또는 파일에 넣거나 얕은 서랍에 보관한다. 카드지나 봉투, 태그지, 코스터지 등 작업에 사용하도록 미리 만들어진 종이도 한데 모아둔다.

사용하고 남은 패턴지는 패턴지 세트에 다시 끼워 빠지지 않도록 비닐에 담아두는 것이 좋다. 패턴지 자투리가 많을 경우에는 색상지와 마찬가지로 색깔별로 정리해서 지퍼백에 담거나 얕은 서랍에 넣어두면 활용하기 편리하다.

제조사와 주제로 정리한 패턴지

클리어 폴더에 정리한 특수지

색깔별로 모아둔 자투리 종이

커팅 도구

기본 구성은 커팅매트, 칼, 가위, 자다. 그 밖의 커팅 도구는 작업을 좀 더 쉽고 빠르게 만들어준다.

■ 커팅매트

종이를 칼로 자를 때 종이 밑에 까는 고무매트다. 바닥을 보호해주고, 탄성이 있어 오랫동안 사용해도 칼자국이 잘 나지 않는다. 눈금이 촘촘한 것이 좋으며, 매트의 눈금을 이용하여 종이 길이를 재서 자르거나 수평을 잡을 때도 사용한다.

■ 칼

크래프트 칼은 칼날이 날렵하여 디테일한 부분까지 정확하게 자를 수 있다. 칼끝이 뾰족하므로 보호장치가 있는 것이 좋으며, 어린이 손에 닿지 않게 주의한다. 무뎌진 칼날을 교체할 때 칼날 보관용 디스펜서가 있으면 유용하다.

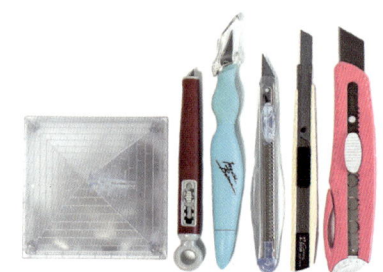

■ 가위

종이, 천, 보드 등 자르고자 하는 재질의 특성에 맞게 가위를 선택하면 작업이 좀 더 쉽다.

- **믹스드 미디어 가위**(Fiskars Amplify 10inch Mixed Media Scissors): 칼날이 길어 한 번에 자를 수 있고, 패브릭을 비롯한 여러 재료를 깔끔하게 자를 수 있다.
- **팀홀츠 크래프트 가위**(Tim Holtz Tonic Craft Scissors): 손잡이 부분에 탄성이 있고 커서 잡기 편하다. 미세한 톱니 모양의 칼날은 단단하고 두꺼운 재료도 쉽게 자르고, 접착제의 끈적임이 달라붙지 않는다.
- **패턴 가위**: 지그재그한 패턴의 핑킹가위처럼 가위의 날이 여러 모양이어서 종이의 가장자리를 보더 펀치나 보더 다이로 자른 듯한 효과를 줄 수 있다.

- **이지 액션 가위**(Fiskars Titanium Micro-Tip Easy Action Scissors): 손가락에 부담이 덜 가도록 설계되었다. 가운데 부분에 스프링이 있어 손가락을 끼우지 않아도 된다. 섬세한 가위질이 가능하고 티타늄 소재라 무뎌지지 않고 오래 사용할 수 있다.
- **커터비 가위**(EK Success Cutter Bee Scissors): 끝이 뾰족하며 가윗날이 정밀하고, 손잡이가 편안하여 커팅하기에 좋다. 페이퍼 피싱 등 섬세한 모양의 종이를 자르는 데 최적화되었다. 허니비 가위(EK Success Honey Bee Scissors)는 커터비 가위에 논 스틱(끈적임이 달라붙지 않는) 기능이 추가된 것이다.
- **패브릭 가위**: 옷감 전용의 섬세한 가위다.

■ 자

- **다용도 자**: 메탈 부분에는 인치, 플라스틱 부분에는 센티미터가 표시되어 있고, 가운데에 고무매트가 부착되어 미끄러지지 않는다.
- **T자**(C-Thru T-Square Ruler): T 모양을 이용하여 수평이나 수직을 찾고, 직각이 되도록 돕는 투명한 플라스틱 자다.
- **디자인 자**(Tim Holtz Design Ruler): 투명한 아크릴 자에 그리드가 있어 위치를 잡기 쉽고, 일정한 간격으로 구멍이 나 있어 스티치 자국을 낼 때 편리하다.
- **중심측정 자**(EK Center Measuring Ruler): 가운데에서부터 양쪽으로 거리를 재거나 기장의 중심점을 찾을 때 사용한다.

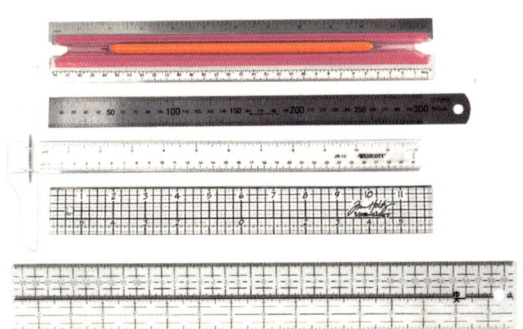

■ **재단기**

인치와 센티미터가 함께 표시된 것이 편리하며, 그리드의 간격이 좁은 트리머를 선택하는 것이 좋다.

- **페이퍼 트리머**(Paper Trimmer): 칼날이 안전하게 내장되었으며 종이나 사진을 직선으로 자를 수 있다.
- **길로틴 트리머**(Guillotine Trimmer): 손잡이를 들어 올렸다 내리면서 종이를 자른다. 손잡이 전체가 칼날이어서 위험할 수 있으므로 주의한다.
- **로터리 트리머**(Rotary Trimmer): 칼날이 로터리 안에 내장되어 로터리를 밀면 칼날이 안에서 회전하면서 종이를 자른다.
- **로터리 커터기**(Rotary Cutter): 로터리 안에 칼날을 끼워서 굴리면 원하는 모양으로 자를 수 있다.
- **원형 커터기**(Circle Cutter): 컴퍼스처럼 가운데를 회전축으로 누르고 돌리면 원하는 크기로 원을 자를 수 있다.

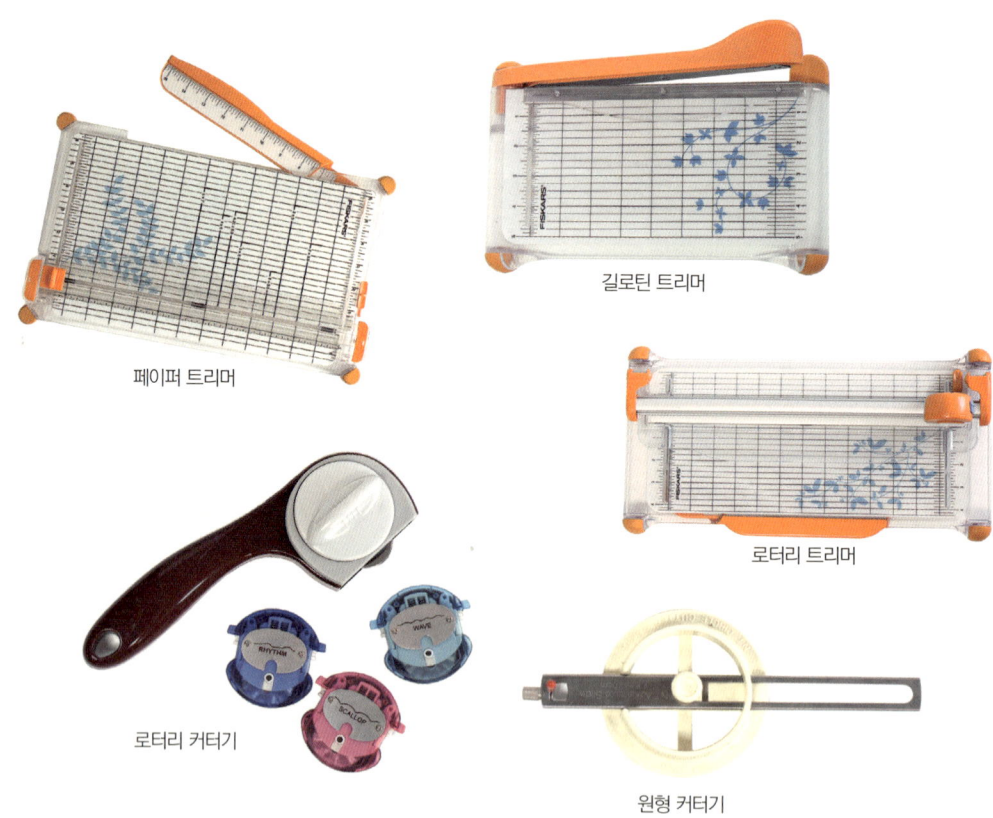

페이퍼 트리머

길로틴 트리머

로터리 트리머

로터리 커터기

원형 커터기

■ 펀치

메탈 칼날 사이에 종이를 끼우고 손으로 압력을 가하여 모양을 펀칭한다. 펀치가 뻑뻑할 때는 왁스페이퍼를 펀칭하면 윤활유를 바른 듯 부드러워지며, 펀치의 칼날이 무뎌졌을 때는 포일을 접어서 몇 차례 자르면 예리해진다. 근래에는 커팅머신을 더 많이 사용하지만, 대량 작업 시에는 펀치로 원하는 수량을 손쉽게 펀칭해내는 장점이 있다.

- 모양 펀치: 도형을 크기별로 자르거나 사물의 모양을 잘라낸다.
- 보더 펀치: 종이의 가장자리를 모양내어 잘라낸다.
- 코너 펀치(We R Memory Keepers Crop-A-Dile Corner Chomper): 종이의 모서리를 여러 각도(¼in, ½in)로 둥글게 자르거나 코너 모양을 낸다.
- 핸드 펀치(Hand Tools): 아일릿 장식을 위한 세터 기능이 있는 아일릿 툴(We R Memory Keepers Crop-A-Dile Eyelet and Snap Punch ⅛in와 ³⁄₁₆in) 등 다양한 크기와 모양으로 자를 수 있는 손잡이형 펀치다.
- 펀치 보드(We R Memory Keepers Planner Punch Board): 보드판 위에서 펀칭할 수 있으며, 주로 입체 작업에 사용한다.

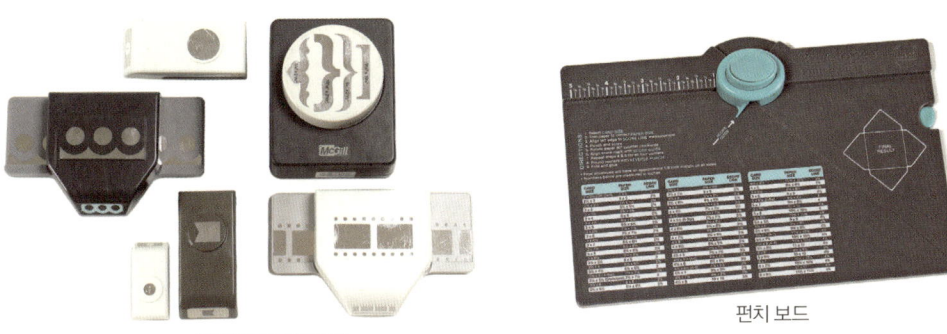

다양한 종류의 펀치

펀치 보드

코너 펀치와 핸드 펀치

●●●● 커팅 도구의 보관 ●●●●

사용 빈도와 부피에 따라 나눠서 정리하는 것이 좋다. 자주 사용하는 도구는 책상 위의 도구통이나 서랍에 나란히 눕혀놓고, 자주 쓰지 않는 특수 가위나 가끔씩 사용하는 도구는 보조 수납공간에 따로 보관한다.

페이퍼 트리머나 스코어링 보드, 펀치 보드 등 부피가 큰 도구는 선반에 올려놓거나 세워서 보관한다. 홀 펀치 등 핸디 도구는 서랍 속에 눕혀서 보관해도 좋고, 튼튼한 철제걸이에 걸어 장식 겸 보관하는 방법도 있다. 부피가 크고 무거운 펀치는 속이 깊은 서랍에 모아두거나 튼튼한 상자에 넣어둔다.

다 쓴 칼날은 안전을 위해 작은 병에 모아서 버리거나 두꺼운 종이에 싸서 테이프를 감은 후 버린다.

커팅머신과 다이

다이 커팅이란 커팅머신을 사용하여 특정한 모양의 다이 템플릿으로 일정한 모양을 잘라내는 과정을 의미하는데, 반복적으로 같은 모양을 잘라내므로 시간이 절약된다. 다이 템플릿으로 자른 종이나 재료는 다이 컷이라고 한다.

■ 커팅머신

－**수동 다이 커팅머신**(Manual Die Cutting Machine)**:** 기본 플랫폼 위에 커팅패드를 깐 후 다이 템플릿과 종이를 얹고 다시 커팅패드를 덮어 전기의 힘을 이용하거나 수동으로 손잡이를 돌려 모양을 잘라내는 기계를 말한다. 엠보싱 폴더나 엠보싱용 실리콘패드를 이용하면 엠보싱도 할 수 있다. 커팅머신에는 기본 커팅패드 2장과 다목적 기본 플랫폼이 포함되어 있다. 보편적으로 빅 샷(Sizzix Big Shot Machine)을 쓰며 We R Memory Keepers사의 Evolution, Spellbinders사의 Platinum, Provo Craft사의 Cuttle Bug 등이 있다.

• **다목적 플랫폼**

　기본 플랫폼(Sizzix Multipurpose Platform): 단단하고 두꺼운 플라스틱판이다.
　자석 플랫폼(Sizzix Magnetic Platform For Wafer): 메탈 다이가 흔들리지 않도록 자석으로 잡아주는 역할을 한다. 다이와 종이를 고정하려고 테이프를 붙일 필요가 없어 편리하다.

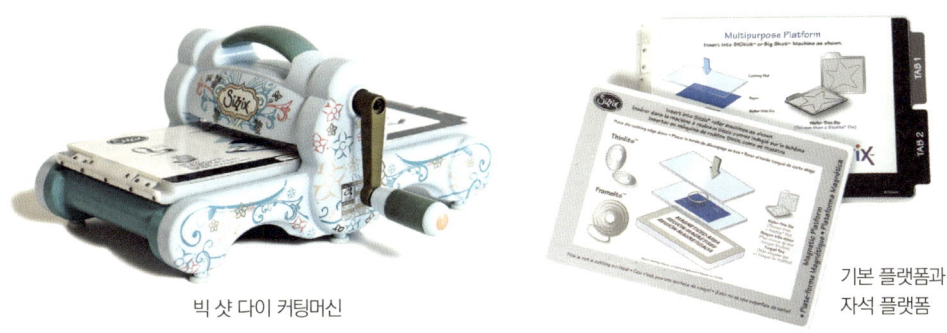

빅 샷 다이 커팅머신

기본 플랫폼과 자석 플랫폼

• **커팅패드**

　아크릴 커팅패드(Sizzix Cutting Pad): 기본이 되는 투명한 아크릴 재질의 패드 2장을 말하며, 용도에 따라 크기가 다양하다. 소모품이므로 우그러지거나 깨지면 교체해야 한다.

> **소소한 TIP**
>
> 아크릴 커팅패드를 오래 쓰려면 커팅패드에 다이를 놓을 때 위, 아래, 옆으로 위치를 바꿔가며 사용한다. 커팅패드 중 하나는 아래에 까는 용도로, 다른 하나는 위에 덮는 용도로만 사용한다. 아래에 까는 패드의 수명이 다하면 위에 쓰던 패드를 아래에 까는 용도로 쓴다.

실리콘패드(Sizzix Silicone Rubber Accessory): 금속 스텐실이나 다이로 엠보싱할 때 사용한다.

텍스처패드(Sizzix Texturz Impressions Pad): 메탈 스텐실이나 다이로 엠보싱할 때 적당한 압력과 높이를 준다.

주름패드(Sizzix Premium Crease Pad): 접는 선을 커팅할 때 적당한 압력을 가하여 완전히 잘리는 것을 막는다.

메탈 플레이트(Sizzix Precision Base Plate): 섬세한 도일리 다이 등을 커팅할 때 깔끔하게 잘리도록 높이 조절을 돕는다.

-전기식 다이 커팅머신(Digital Die Cutting Machine): 다이 템플릿 대신 컴퓨터 소프트웨어 프로그램이나 카트리지에 의해 모양을 조절하며, 기계에 내장된 칼날로 모양을 잘라낸다. 가격은 비싸지만 컴퓨터 프로그램이나 앱 등에 연결하여 다양한 모양과 폰트를 손쉽게 얻을 수 있으므로 장기적으로 볼 때 수많은 다이를 구입하는 것보다 경제적이다.

• 실루엣(Silhouette)

• 크리컷(Provo Craft's Cricut)

• 스캔 앤 컷(ScanNCut)

■ 다이 템플릿

가늘고 날카로운 커팅라인이 있는 금속 모양의 틀을 말하며, 다이 틀이나 다이라고도 한다. 커팅머신을 이용하여 다이 템플릿으로 특정한 모양을 잘라낼 수 있다.

-메탈 다이(Thin Metal Die): 섬세한 디자인까지 잘리며 얇고 가볍다. 같은 모양이 크기별로 있는 네스팅 다이(Nesting Dies)를 비롯하여 스탬프 이미지와 세트인 매칭 다이도 있다. 알파벳 다이, 문장 다이, 보더 다이, 도일리 다이까지 그 종류와 형태가 매우 다양하다.

-씨직스 빅즈 다이(Sizzix Bigz Die): 종이뿐만 아니라 칩보드, 천, 폼, 메탈지, 가죽 등 단단한 재질까지 자른다. 두꺼운 만큼 칼날이 깊어서 한꺼번에 여러 장을 자를 수 있다.

다이 구입하기

다이는 기본 도형을 먼저 구입하고, 가장 많이 쓰는 원형 네스팅 다이는 작은 크기부터 큰 크기까지 두루 포함된 것으로 구입한다. 정사각형보다는 카드지에 주로 쓰는 직사각형 다이 템플릿이 더 유용하다.
카드를 자주 만든다면 감사나 생일 메시지가 있는 다이를 구입한다. 기본적인 폰트 다이를 선택해야 질리지 않고 오래 사용할 수 있다. 알파벳이나 숫자 다이는 스크랩북을 하는 것이 아니라면 자주 쓰지 않으므로 필요할 때 구입한다.

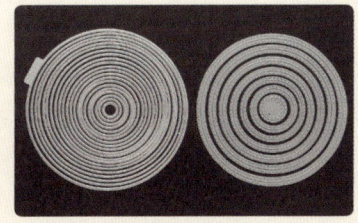

원형 네스팅 다이

■ 다이 보조 도구

- 니퍼(Flush Cutters): 주로 주얼리 공예에 쓴다. 칼날이 납작하게 평면으로 맞물려 있어 다이를 연결한 가느다란 철사를 잘라낼 때 사용한다.
- 다이 커팅 툴(Spellbinders Tool'N One): 섬세하고 복잡한 다이 템플릿에 낀 종잇조각을 브러시와 뾰족한 송곳으로 빼낼 수 있게 양쪽으로 만들어졌다.

● ● ● ● 커팅머신과 다이의 보관 ● ● ● ●

■ 커팅머신

무겁고 부피가 있으므로 사용할 때마다 옮기는 것보다 작업공간에 두는 것이 편리하다. 기본 플랫폼은 머신에 끼워두고 그 외의 플랫폼과 패드는 따로 보관하여 필요시 꺼내 쓰도록 한다.

■ 다이 템플릿

수량이 많지 않다면 브랜드별로 정리하거나 크기를 기준으로 분류해도 좋다. 기본 도형, 프레임, 태그 등 유형이나 테마별로 카테고리를 정해두면 사용할 때 찾기 편하다.

크기 순서대로 같은 모양이 여러 개 겹쳐진 다이(네스팅 다이)는 흐트러지지 않도록 고무자석판에 부착해둔다. 다이를 부착한 고무자석판에 구멍을 뚫어 링에 끼워서 보관해도 된다. 고무자석판에 다이를 붙여두고 얕은 서랍에 눕혀서 보관하면 한눈에 보인다. 다이를 비닐봉지에 담아 플라스틱 상자에 세워서 보관할 수도 있다.

접착 재료와 도구

쓰임새에 맞는 접착용품을 선택하는 것은 작품의 완성도를 위해서 매우 중요하다. 접착용품 때문에 작품이나 사진이 누렇게 변색되지 않도록 무독성 제품을 사용하는 것이 좋다.

■ 고체 풀

- 딱풀: 종이와 종이를 붙일 때, 주로 넓은 면적을 접착할 때 사용한다.
- 콜라주 풀(Ranger Collage Glue Stick): 코너를 접착하기에 편리한 세모 모양의 콜라주용 풀이며 투명하고 빨리 마른다.

-재접착풀(스카치 재접착풀): 포스트잇처럼 종이를 붙였다 뗄 수 있게 하는 임시 고정용 풀이다.

■ 액체 접착제

- 만능 목공풀: 흰색의 액체형 접착제로 다양한 작업에 두루 사용한다.
- Tachy Glue: 여러 표면에 사용할 수 있는 만능 접착제로 강한 접착력과 지속력을 지니며 건조가 빠르다.
- Ranger Glossy Accents Glue Adhesive: 접착제 겸용 3D 효과를 주는 투명한 액체형 장식 재료다.
- Multi Medium Matte Adhesive: 접착력이 강하고, 특히 작은 장식 재료 등을 붙일 때 유용하다.
- Distress Collage Medium Matte: 콜라주 작업에 유용하며 믹스드 미디어 작업에 주로 쓴다.
- 옷감용 접착제: 천이나 펠트 등을 접착할 때 사용한다.

> **소소한 TIP**
>
> Fine Tips(Ranger Fine Tip Applicator/Quilled Creations Precision Tip Empty Applicator Bottle)는 액체형 접착제의 병 입구에 끼워 접착제가 흘러나오는 구멍이 막히는 것을 막아주고, 가늘게 짜서 섬세한 부분을 접착하기 쉽도록 돕는다.

■ 펜 풀

- Zig 2 Way Glue Pen: 접착풀이 젖어 있을 때 사용하면 완전히 붙고, 말라서 투명해진 다음에 사용하면 포스트잇처럼 접착된다. 특히 끈적임이 없어진 클링 스탬프의 끈적임을 되살리는 데 유용하다. 이때 꼼꼼히 바르면 접착력이 너무 강하므로 스탬프의 뒷면에 슬쩍슬쩍 바르고 완전히 건조된 후 클링 스탬프 보관 장소(플라스틱판이나 아세테이트지판)에 다시 붙여둔다.

- Aleene's Tacky Glue Pen
- Sakura Quickie Glue Pen
- Deco Foil Pen: 종이에 포일 펜으로 그림을 그리거나 글을 쓴 후 데코 포일을 덮어 문지르면 그림이나 글씨 위에 포일이 묻어난다.

■ 핫 글루

- 글루건과 글루스틱: 반투명 글루스틱은 주로 녹여 접착할 때 사용한다. 다양한 색상이나 반짝임이 있는 글루스틱은 장식용으로 활용하고 믹스드 미디어 작업 시 질감을 더하는 재료로도 사용한다.
- 접착 파우더: 열이 가해지면 녹으면서 접착력이 생긴다. 피그먼트 잉크나 엠보싱 잉크로 이미지를 찍은 다음, 파우더를 뿌리고 히트 툴로 열을 가하면 글리터나 마이크로 비즈 등을 부착할 수 있다.

■ 스프레이 접착제

넓은 면적을 균일하게 도포하거나 벨륨지 등 접착제가 눈에 띄지 않도록 작업할 때 편리하다. 휘발성이므로 반드시 환기가 잘 되는 장소에서 사용한다. 임시 고정용 스프레이 접착제(3M™ 75 Spray Adhesive)와 강력 고정용 스프레이 접착제(3M™ Super 77 Spray Adhesive)가 있다.

■ 테이프

- **롤테이프:** 롤을 굴리면서 간편하게 사용할 수 있는 양면테이프로, 다 쓰고 나면 리필테이프로 교체한다.
- **수광 양면테이프와 시트지:** 우리나라에서 생산되는 양면테이프와 시트지로, 접착력이 강해서 다른 나라 크래프터들에게도 널리 쓰인다.
- **양면시트지:** 아주 얇은 두께여서 섬세한 다이를 커팅할 때 다이 커팅할 종이 뒷면에 미리 붙여 두고 자르면 편리하다.
- **벨륨용 투명테이프:** 접착 부분이 잘 보이지 않으며, 주로 반투명한 벨륨지로 작업할 때 사용한다.
- **종이테이프**(3M Micropore Paper Tape)**:** 손으로 찢어지는 데다 붙였다가 떼기 쉬워서 임시로 카드지를 고정하거나 다이 커팅 시 다이와 종이를 고정하는 데 사용한다.
- **데코테이프:** 와시테이프, 패브릭테이프, 메탈테이프 등 장식용 테이프를 말한다. 데코와 접착을 겸한 용도로 사용한다.

스티커 메이커(Xyron Sticker Maker)는 크기가 작은 다이 컷 등을 접착력이 있는 스티커로 만들어주는 X자형의 작은 도구다.

■ 폼

- **폼닷:** 양면에 접착력이 있는 원형 폼으로 작은 장식에 입체 효과를 줄 때 사용한다.
- **폼테이프:** 양면 폼이 테이프 형태로 감겨 있어 사용이 편리하다. 투명한 장식을 부착할 수 있는 클리어 폼과 진한 색감의 작업에서 눈에 띄지 않게 부착할 수 있는 블랙 폼이 있다.
- **폼시트:** 원하는 크기대로 잘라서 쓰는 시트지 형태의 양면 폼이다. 원하는 폼의 높이를 선택하여 작업할 수 있으며, 넓은 면적에 입체감을 줄 때 유용하다.

- **글루닷**: 투명하고 끈적이는 원형의 고체 풀로 접착력이 매우 강하다. 표면이 고르지 못한 곳에 작은 장식들을 붙일 때 유용하다.

■ 접착 제거제

접착제나 테이프의 끈적임이 남아 있을 때 끈적임을 제거한다.

- **접착제 지우개**(Xyron Adhesive Eraser): 원치 않는 끈적임이 남아 있는 곳을 지우개처럼 문질러 접착제를 떼어낸다. 끈적임을 제거하는 기능이 떨어지면 칼로 접착제 지우개의 가장자리를 잘라내고 사용하면 된다.
- **접착제 제거제**(Un-Du Adhesive Remover): 무독성으로 안전하게 테이프나 스티커, 라벨 등을 떼어낼 수 있다.
- **접착제 제거 스프레이**(3M 스티커): 스티커나 라벨, 테이프 잔사 등을 제거하며 가위나 칼 등에 묻은 끈적임을 닦을 때도 유용하다.

●●●●● 접착 도구의 보관 ●●●●●

사용 빈도에 따라 나누고 자주 사용하는 접착용품은 손 가까이에 둔다. 소모품이므로 여분을 구입해 두어 필요할 때 바로 쓸 수 있도록 하며 테이프류는 평평한 곳에, 액체류는 세워서 보관한다.

채색 재료와 도구

컬러링을 위한 수채화 재료와 잉크 스프레이, 장식에 사용하는 글리터 글루, 젯소를 비롯한 믹스드 미디어 재료 등 채색 재료의 종류와 특징을 살펴본다.

■ 잉크

- **수성 다이 잉크**(Tim Holtz Distress Ink & Refill Ink): 잉크패드나 리필잉크를 아크릴 블록에 묻혀서 물감처럼 컬러링에 사용하거나 블렌딩 툴로 잉킹하여 종이에 색감을 입힐 때 사용한다.
- **스테인**(Tim Holtz Distress Ink Stain): 리필잉크보다는 옅은 다이 액체로 넓은 면적이나 배경을 칠할 때 유용하다. 병 입구에 스펀지 도버가 달려 있다.
- **알코올 잉크**(Tim Holtz Alcohol Ink): 글로시 페이퍼에 배경 작업을 하거나 메탈, 포일, 플라스틱 등의 표면에 선명한 색감을 입힐 수 있도록 만들어진 유성 잉크다. 빨리 마르며 다양한 기법으로 작업할 수 있다.
  - 알코올 잉크 블렌딩 용액
  - 알코올 잉크 믹스 용액
  - 알코올 잉크 블렌딩 툴, 펠트
  - 알코올 잉크용 페이퍼

수성 잉크

알코올 잉크

■ 수채 물감

- **튜브형 수채 물감**: 일반적으로 많이 사용하며 진한 색감을 낼 때 편리하다.
- **고체형 수채 물감**: 물감을 팔레트에 미리 굳혀둔 것으로 사용 전에 스프레이를 뿌려두면 안료가 빨리 녹는다.

■ 잉크 스프레이(미스트)

물에 안료를 희석하여 작은 병에 담아 스프레이로 뿌릴 수 있도록 만든 것이다. 글리터나 메탈릭 글리터 등을 섞어 만든 것도 있으며, 사용하기 전에 옆으로 잘 흔든 후(위아래로 흔들면 스프레이 입구가 막힐 수 있으므로) 적당한 높이에서 스프레이를 뿌려 색감을 입힌다.

■ 파우더

- **피그먼트 파우더**(Ken Oliver Color Burst Powder): 물을 뿌린 후에 뿌리면 독특한 번짐 효과를 볼 수 있다.
- **퍼펙트 펄즈**(Ranger Perfect Pearls): 접착 기능이 있는 엠보싱 잉크패드(펄 미디엄)로 스탬핑한 후 붓으로 바르고 털어낸다. 스프레이 용액이나 물과 섞어서 쓰면 고급스러운 펄감을 더할 수 있다.
- **글리터 파우더**(Distress Stickles/Ultra Fine Prisma Glitter): 반짝거리는 가루로 양면테이프 위나 글루 위에다 뿌리고 털어내면 가루가 부착되어 화려함을 더해준다.
- **미카 파우더**(Stampendous Mica Fragments): 펄감이 있는 작고 얇은 돌조각으로 독특한 질감을 줄 때 사용한다.

잉크 스프레이

파우더

■ 아크릴 물감

- **페인트 대버**(Ranger Paint Dabber): 작은 용기에 담긴 아크릴 물감으로 병 입구에 스펀지 도버가 부착되어 붓 없이도 칠할 수 있다.
- **디스트레스 페인트**(Tim Holtz Distress Paint): 아크릴 페인트나 페인트 대버보다 묽은 수성 기반의 페인트로 여러 재료에 사용할 수 있다.
- **딜루전 페인트**(Ranger Dylusions Paint): 매우 부드럽게 블렌딩되는 특수 페인트로 방수 기능이 있으며 빨리 마르고 색감이 선명하다.
- **누보 무스**(Tonic Nuvo Embellishment Mousse): 부드러우면서도 메탈릭한 색상의 페인트다.

아크릴 물감과 미디엄

■ 미디엄

- **젯소**: 일반적으로 캔버스나 메탈 등의 색감을 가리거나 전처리용 마감재로 사용하지만 질감 표현도 가능하다. 수성 기반의 미디엄으로 흰색을 주로 쓰며 투명색, 검은색 등이 있다.
- **겔 미디엄**: 이미지를 전사할 수 있으며, 작은 비즈 등을 섞어 질감을 보완할 수 있다. 아크릴 물감이나 피그먼트 파우더 등 다른 채색 재료와 함께 다양하게 활용 가능하다. 매트한 미디엄과 글로시한 미디엄이 있다.
- **페이스트**: 입체적인 텍스처 표현에 가장 효과적인 미디엄이며, 주로 스텐실 도구를 이용한 엠보싱

작업에 사용한다. 모델링 페이스트(Modeling Paste), 텍스처 페이스트(Texture Paste), 크랙클 텍스처 페이스트(Crackled Texture Paste), 엠보싱 페이스트(Embossing Paste), 글리터 페이스트(Glitter Paste) 등이 있다.

- **광택제**: 여러 소재를 접착할 뿐만 아니라 보존성도 높이고 표면에 광택을 준다.
  - **Decoupage Glaze**: 완성된 작품 위에 발라 표면을 보호한다.
  - **Tim Holtz Distress Micro Glaze**: 손으로 문질러 바르는 것으로 방수 기능이 있다.
  - **Spray Varnish**: 작품에 매트하거나 글로시한 광택을 준다.
  - **정착액(Preservation Spray/Fixative)**: 종이의 산성화 방지를 위해 완성 작품 위에 뿌려 산도를 낮추고 중화하여 작품의 보존성을 높이는 스프레이 제품이다. 파스텔이나 초크, 퍼펙트 펄즈, 글리터 작업 후에 미세한 가루가 떨어지지 않도록 정착시키는 기능을 한다.

■ 3D 리퀴드 글루

- **글로시 악센트**: 글루로도 쓰며 바른 후 마르면 도톰하고 투명한 입체감이 생긴다.
- **피코(Irresistible Pico)**: 글로시 악센트와 비슷하지만 조금 더 묽다. 가는 팁이 부착되어 사용이 편리하다.
- **크랙클 악센트**: 바른 후 건조되면서 틈이 갈라져 빈티지한 멋을 풍긴다.
- **리퀴드 펄**: 좁은 입구로 펄감이 있는 리퀴드를 짜내어 작은 진주 모양 장식을 할 수 있다.
- **에나멜 악센트**: 에나멜처럼 강한 광택이 나며 입체감이 있다.
- **글리터 글루(Stickles Glitter Glue)**: 액체형 글루에 글리터가 섞여 반짝임이 있다.
- **누보 드롭스(Nuvo Drops)**: 다양한 색상의 장식 악센트를 만드는 액체형 재료다. 리퀴드 펄이나 에나멜 악센트와 비슷하지만 더 단단하고 입체감 있는 형태로 건조된다.

광택제

3D 리퀴드 글루

■ 채색 도구

- 크래프트시트(Ranger Non Stick Craft Sheet): 잉크 작업을 비롯하여 컬러링과 믹스드 미디어 작업 시 사용하며, 열에 강하고 페인트 등을 닦아내기 쉽다. 테프론 재질로 제과제빵 재료상에서도 저렴하게 구입할 수 있다.
- 붓: 형태와 굵기, 재질 등이 다양하다.
- 폼 브러시: 넓은 면적에 붓 자국 없이 칠할 수 있는 도구로 검은색 스펀지가 달려 있다.
- 텍스처 툴(Ranger Texture Tool): 미디엄과 페이스트를 이용하여 텍스처를 만들 때 사용한다. 미디엄이 건조되기 전에 사용하면 툴의 형태에 따라 다양한 모양과 텍스처가 생긴다.
- 롤러 브레이어(Ranger Inkssentials Inky Roller Brayer): 잉크나 미디엄 등을 종이에 펴 바르거나 촘촘하게 만들 때, 또는 고정할 때 사용한다. 버니셔(Burnisher)로도 사용할 수 있다.
- 나이프: 미디엄을 덜어서 펴 바르는 데 사용한다.
- 밀대(Ranger Craft Squeegee Tool): 미디엄 등을 펴 바를 때 사용하는 실리콘 도구이며, 플라스틱 카드로도 대신할 수 있다.
- 콜라주 붓(Tim Holtz Distress Collage Brushes): 넓은 배경에 사용하기 좋으며 탄력이 있다. 사용 후 미디엄이 굳어지기 전에 바로 닦아서 보관한다.
- 뿌리기 붓(Tim Holtz Distress Splatter Brush): 잉크를 묻히고 붓을 튕기면 자연스럽게 뿌리는 효과를 줄 수 있다.
- 블렌딩 브러시 붓(Inkylicious Ink Duster): 잉크의 뭉침 없이 블렌딩되어 연한 색감을 부드럽게 표현하도록 돕는다.
- 마커 뿌리기 툴(Tim Holtz Distress Marker Spritzer Tool): 펜 형태의 채색 도구를 끼우고 입구를 맞댄 후, 공기주머니를 눌러 종이에 잉크를 집중적으로 뿌리는 효과를 준다.
- 스프레이 병(Ranger Mister/Tim Holtz Distress Sprayer): 물 뿌리기나 간단한 세척 등에 사용할 수 있다.
- 손 세정 도구(Ranger/Craft Scrubbies): 잉크, 미디엄, 접착제 등이 손에 묻었을 때 비누처럼 문지르면서 닦아낼 수 있다.

● ● ● ● 채색 재료와 도구의 보관 ● ● ● ●

같은 유형끼리 분류한 후 색상을 기준으로 정리해두면 사용하기 편리하다. 투명한 상자나 서랍에 보관하는 것이 좋으며, 채색 재료가 담긴 용기의 크기나 높이에 따라 깊이가 다른 서랍을 사용하면 공간의 효율성을 높일 수 있다.

리퀴드 글루 등은 병 입구가 마를 수 있으므로 거꾸로 세워서 보관한다. 이때 거꾸로 보관하는 용기를 사용하면 보기에는 좋지만 공간을 많이 차지하는 단점이 있다. 미디엄은 마르기 쉬우므로 뚜껑을 꼭 닫아두어야 하며, 용기의 모양과 크기가 비슷하기 때문에 상자나 서랍에 함께 담아둔다. 믹스드 미디어에 사용하는 도구도 같은 용도끼리 보관한다. 잉크 스프레이는 막히기 쉬우므로 사용 후 입구를 닦아 똑바로 세워서 보관한다. 글리터나 파우더는 같은 종류나 크기끼리 동일한 색상 순서로 정리하는 것이 편리하다. 수채 재료는 수채 도구와 함께, 아크릴 재료는 아크릴 도구와 함께 보관한다.

리퀴드 글루 차트 만들기   3D 리퀴드 글루   각종 파우더

믹스드 미디어 재료와 도구   수채 물감과 도구   아크릴 물감과 페인트

펜,
색연필,
마커

잉크나 물감, 믹스드 미디어 재료 외에도 펜, 색연필, 유수성 마커가 있다.

■ 펜

- 겔 펜: 부드럽게 잉크가 흐르는 볼 포인트 펜으로 색상이 선명하며 화이트 펜과 메탈릭한 펜을 주로 사용한다.
  - 화이트 펜(Uni-Ball Pen Signo Gel White/Sakura White Glaze Gel Pen/Sharpie White Extra Fine Point): 사진이나 진한 색 종이에 부드럽고 선명하게 그림을 그리거나 글을 쓸 때 유용하다.
  - 메탈릭 펜(Uni-Ball Pen Signo Gel/Sakura Metallic Pen): 고급스럽고 화려한 느낌을 준다.
- 코픽 멀티라이너(Copic Multiliner Pen): 피그먼트 잉크로 코픽 마커에 번지지 않는다. 스탬핑을 수정하거나 스탬핑 이미지를 그릴 때 유용하다. 다양한 굵기의 펜촉이 있으며 주로 0.1mm를 사용한다.
- 유성 펜(Pilot Oil Based Twin Marker/American Craft Slick Write Pen/Sharpie Black Fine Point): 수채 컬러링할 때 스탬핑 이미지를 수정하거나 그리는 데 사용한다. 빨리 마르므로 뚜껑은 꼭 닫아둔다.

■ 색연필

- 수성 색연필: 색연필로 칠한 부분을 물 묻은 붓으로 블렌딩하면 간단히 수채 효과를 얻을 수 있다.
- 유성 색연필: 겹쳐 칠하면서 블렌딩되며, 오일을 이용하면 수채화 같은 번짐 효과를 얻을 수 있다.
- 크레용(Tim Holtz Distress Crayons): 부드럽고 선명한 색감으로 주로 배경 작업에 쓰며, 칠한 후 손으로 문지르거나 물을 이용하여 번짐 효과를 준다.
- 젤라토(Faber-Castell Color Gelatos): 크레용과 기능이 거의 비슷하다. 부드럽게 번지는 느낌으로 주로 배경을 채색할 때 사용한다.

■ 마커

- **수성 마커**(Tim Holtz Distress Marker/Zig Clean Color Real Brush Marker): 붓처럼 유연한 브러시 팁이 달려서 누르는 강도에 따라 굵기를 조절할 수 있다. 스탬핑 이미지에 바로 채색하거나 글을 쓸 수 있으며, 아크릴 블록에 칠하여 물감처럼 사용하기도 한다. 천천히 마르는 편이므로 잉크패드 대신에 스탬프에 마커로 직접 칠하여 스탬핑한다.
- **유성 마커**(Copic Sketch Marker): 양쪽을 사용할 수 있는데, 한쪽은 탄성이 좋은 브러시여서 컬러링에 적합하다. 잉크의 번짐이 좋아 블렌딩이 잘 되고 그러데이션이 자연스럽다. 스탬프 컬러링뿐만 아니라 일러스트, 애니메이션 등 전문 분야에서 폭넓게 사용한다.
- **글리터 브러시**(Zig Wink of Stella Glitter Clear Brush Tip Marker): 부드러우면서도 고급스러운 반짝임을 주는 0.8mm 브러시 펜으로, 글리터가 고루 섞이도록 흔들어서 사용한다.
- **퍼프 마커**(Marvy Snow Marker): 눈송이나 팝콘 등 부피감 있는 질감을 표현할 때 사용한다. 원하는 부분에 마커를 칠하고 히트 툴로 가열하면 부풀어 오른다. 이때 충분히 마른 후 사용하는 것이 더 효과적이다.

> **소소한 TIP**
>
> 글리터 브러시를 다 쓴 경우에 버리지 말고 물을 채우면 워터 브러시가 된다. 여기에 퍼펙트 펄을 ½ 티스푼 정도 넣어 흔들어서 사용하면 글리터 브러시로 재활용할 수 있다.

●●●●● **블렌딩 도구** ●●●●●

■ **수채 컬러링**

- **워터 브러시:** 작은 물통이 내장되어 사용이 간편하고 수채 물감을 블렌딩할 때 사용한다.
- **수성 블렌더 마커**(Dove Blending Blender Pen Marker/Zig Dual Tip Blender Marker)**:** 수채 컬러링을 할 때 물보다 효과적으로 염료를 블렌딩할 수 있다.
- **글리터 브러시 마커**(Zig Wink of Stella Glitter Clear Brush Tip Marker)**:** 수성 기반이므로 워터 브러시 대신 수성 마커를 블렌딩하는 데 사용할 수 있으며 반짝임이 더해진 수채 컬러링이 가능하다.

■ **유성 컬러링**

- **블렌딩 색연필:** 유성 색연필로 채색할 때 블렌딩하는 무색의 단단한 색연필이다.
- **오일**(Gamsol/Mineral Spirits)**과 찰필**(Blending Stumps)**:** 유성 색연필로 칠한 부분을 오일을 묻힌 찰필로 문질러 음영을 조절한다. 찰필은 종이를 압축하여 연필 모양으로 만든 도구인데, 주로 소묘나 데생 등을 할 때 사용한다. 색깔을 바꾸어 블렌딩할 때는 찰필의 끝을 사포에 문질러 갈아서 사용한다.
- **유성 블렌더 마커**(Copic Marker Colorless Blender)**:** 알코올 베이스의 마커로 색이 없는 용해제이며 컬러링할 때 블렌딩을 도와준다.

●●●● 펜, 색연필, 마커의 보관 ●●●●

연필류는 세워서 보관해도 상관없으나 펜과 마커는 기본적으로 눕혀서 보관해야 오래 사용할 수 있다. 수채 마커와 색연필, 크레용, 그 밖에 자주 사용하지 않는 펜들은 종류별로 모아둔다.

색연필과 마커와 크레용

리필잉크와 각종 필기구

MDF를 재단하여 만든 코픽 마커장

엠보싱 도구

도구나 재료를 이용하여 종이에 우둘두툴한 질감을 내는 작업을 총칭한다. 다이 커팅머신을 이용한 머신 엠보싱과 히트 툴을 이용한 히트 엠보싱의 도구 및 사용법을 살펴본다.

■ **머신 엠보싱 도구**

다이 커팅머신을 이용하면 실리콘패드(엠보싱매트)를 이용한 엠보싱과 엠보싱 폴더를 이용한 머신 엠보싱이 가능하다.

- **엠보싱용 메탈 다이 템플릿:** 섬세한 도일리나 네스팅 다이, 금속 스텐실 템플릿 등 패턴이나 무늬를 엠보싱할 수 있는 판으로 된 금속 다이다.
- **엠보싱매트:** 실리콘이나 우레탄 재질의 매트이며 종이 밑에 깔고 다이 템플릿을 덮어서 엠보싱한다.

기본 플랫폼-아크릴패드-엠보싱매트-종이-다이 템플릿-아크릴패드의 순서대로 겹쳐두고 커팅머신을 돌리면 다이 템플릿의 모양대로 엠보싱된다.
- **엠보싱 폴더**: 종이에 다양한 문양과 질감을 줄 수 있는 양면 폴더형 플라스틱으로, 폴더 사이에 종이를 끼우고 커팅머신을 돌려서 엠보싱한다.
- **부분 엠보싱패드**(Sizzix Embossing Diffuser Set): 엠보싱 폴더를 사용할 때 특정 위치에 엠보싱이 안 되거나 특정 위치에만 엠보싱이 되도록 구멍을 뚫어둔 판이며 아크릴 커팅패드 대신 사용한다.

머신 엠보싱에 사용하는 메탈 다이

엠보싱 폴더

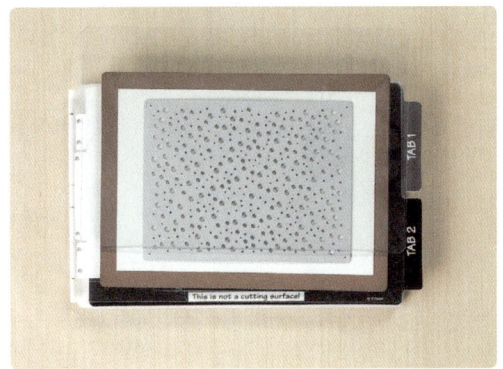
엠보싱매트

부분 엠보싱패드

■ 히트 엠보싱 도구

히트 엠보싱은 히트 툴로 엠보싱 파우더를 녹여 광택과 입체감이 생기도록 하는 기법이다. 엠보싱 파우더의 종류에 따라 다양한 질감의 표면을 만들 수 있으며 몇 가지 기본 도구가 필요하다.

- **스탬프:** 단순하고 명확한 라인의 스탬프를 사용해야 엠보싱 효과가 더 잘 나타난다. 섬세한 라인의 스탬프일 경우에는 Extra Fine 엠보싱 파우더를 사용하는 것이 좋다.
- **종이:** 모든 종이에서 히트 엠보싱이 가능하지만 고열을 가하므로 평량이 높은 것을 사용한다.
- **히트 엠보싱 파우더:** 작은 플라스틱 조각으로 이루어졌으며 파우더 입자의 크기에 따라 Extra Fine, Regular, Ultra Thick으로 나뉜다. 엠보싱 에나멜(Stampendous Embossing Enamel)은 색상과 재질이 다른 파우더가 섞여서 독특한 질감을 표현할 수 있다.
- **히트 툴:** 히트 건(Heat Gun)이라고도 하며 히트 엠보싱 파우더를 녹이거나 물감과 잉크 등을 말릴 때 사용한다.
  - **헤어드라이어 타입:** 열이 분산되어 파우더가 녹는 데 시간이 오래 걸리지만 넓은 면적을 한꺼번에 녹일 수 있다. 조용한 편이며 잉크나 물감을 건조시킬 때 편리하다.
  - **일자 타입:** 열이 집중적으로 가해져서 히트 엠보싱 파우더가 빨리 녹는다. 단 파우더가 날리고 오버멜팅(Overmelting)되거나 종이가 타는 경우가 있으므로 주의한다.
- **엠보싱 잉크**
  - **엠보싱 잉크패드(Tsukineko Versamark Emboss Inkpad):** 끈적임이 있는 투명한 잉크패드이며 엠보싱 파우더를 접착시키는 역할을 한다. 물 자국을 내는 데도 사용한다.
  - **엠보싱 대버(Ranger Clear Emboss It Dabber):** 용기 입구에 스펀지 도버가 달려서 넓은 면적이나 원하는 부분에 엠보싱 잉크를 직접 칠할 수 있다.
  - **엠보싱 브러시(Tsukineko Versamarker):** 투명한 브러시로 글씨를 쓰거나 그림을 그리고 그 위에 엠보싱 파우더를 뿌려 히트 엠보싱할 수 있다.
  - **엠보싱 펜(Ranger Emboss It):** 가는 펜으로 된 엠보싱 도구로, 파우더가 고루 묻지 않아 엠보싱이 안 된 부분을 수정할 때 사용하면 편리하다.
- **그 밖의 도구**
  - **트레이(A4 종이나 커피 필터):** 여분의 엠보싱 파우더를 털어내거나 모아서 기존의 파우더통에 다시 넣어둘 때 필요하다.
  - **엠보싱 파우더 툴(EK Success Powder Tool):** 정전기가 발생하여 엠보싱 파우더가 원치 않는 곳에 들러붙는 것을 방지하는 도구다. 엠보싱을 하기 전에 파우더가 든 작은 용기 입구에 달린 브러시로 종이를 문질러준다. 좁고 섬세한 부분을 히트 엠보싱할 때 편리하고, 접착제의 끈적임을 없앨 때도 유용하다.
  - **엠보싱 매직(Inkadinkado Embossing Magic Anti Static Pad):** 파우더 툴과 마찬가지로 정전기 방지 도구이며, 네모난 천주머니에 파우더가 들어 있어 넓은 면적에 사용할 때 편리하다.

- **작은 붓이나 뾰족한 송곳**: 히트 엠보싱 파우더가 원치 않는 부분에 묻었을 때 털어내는 용도로, 탄력이 있으면서 가늘고 납작한 붓이 사용하기에 좋다.

엠보싱 도구 구입하기

처음에는 기본적인 도구(히트 툴, 엠보싱용 워터마크 잉크, 몇 개의 엠보싱 파우더)만 구입하면 오래 사용할 수 있다. 비용 대비 시각적 효과가 매우 큰 기법이므로 스탬핑 다음 단계로 시도해본다. 히트 엠보싱 파우더는 클리어, 화이트, 골드, 실버 정도만 갖추면 충분하다. 클리어 엠보싱 파우더만 있으면 피그먼트 잉크나 다이 잉크로도 충분히 컬러 엠보싱할 수 있다.

●●●● 엠보싱 도구의 보관 ●●●●

■ **히트 엠보싱**

히트 엠보싱 기법을 자주 사용한다면 히트 엠보싱 도구를 작업대로 쉽게 옮길 수 있는 상자나 서랍에 보관하는 것이 좋다. 워터마크 잉크패드, 워터마크 리필잉크, 엠보싱 파우더 툴, 작은 붓, 히트 엠보싱 파우더 등은 한곳에 모아둔다. 히트 툴(엠보싱 툴)은 도구 상자보다는 바구니에 넣어 콘센트 주변에 보관한다.

자주 사용하는 기본 컬러(클리어, 화이트)의 엠보싱 파우더는 플라스틱 용기에 작은 플라스틱 숟가락과 함께 보관하면 따로 종이를 깔고 작업하지 않아도 된다. 컬러 엠보싱 파우더나 특수 엠보싱 파우더는 다른 파우더류와 함께 따로 보관해둔다.

히트 엠보싱 도구

■ **엠보싱 폴더**

크기가 거의 비슷하고 주제별로 분류하기가 어렵다. 제조사별로 구분하거나 같은 크기끼리 모아서 서랍이나 상자에 넣어 보관한다. 인덱스를 만들어두고 라벨링하면 원하는 폴더를 쉽게 찾을 수 있다.

엠보싱 폴더

스텐실 도구

스텐실링은 스텐실 템플릿으로 작업하는 것을 말하는데, 스텐실 템플릿을 가린다는 의미에서 마스크라고도 한다. 주로 배경 작업에 사용한다.

■ 드라이 엠보싱 도구

라이트 박스 위에 금속 스텐실 템플릿을 대고 종이로 덮은 후 템플릿을 따라 엠보싱 봉으로 압력을 주어 형태를 그린 후 종이를 뒤집으면 종이에 볼록한 모양이 생긴다.

- **금속 스텐실 템플릿:** 단단하고 두께가 있는 금속이나 동으로 만들어진 스텐실 틀이다.
- **라이트 박스:** 이미지를 전사하거나 스텐실 템플릿을 비추어 종이에 그 형태를 따라 그릴 수 있도록 돕는 빛이 들어오는 상자다.
- **엠보싱 봉:** 금속 스텐실을 대고 모양을 따라 선을 그리는 도구로, 양쪽에 크기가 다른 둥근 봉이 달렸다.
- **사포나 샌딩 블록:** 엠보싱된 선에 대고 문질러 엠보싱 효과를 돕는다.
- **왁스 페이퍼:** 엠보싱할 종이에 문질러 엠보싱 봉으로 선을 그릴 때 부드럽게 미끄러지도록 돕는다.

드라이 엠보싱 도구

■ 스텐실링 도구

종이에 스텐실 템플릿을 대고 잉크나 미디엄을 발라 템플릿의 패턴과 질감이 더해지도록 한다.

- **스텐실 템플릿:** 다양한 모양으로 구멍이 뚫린 플라스틱이나 메탈 템플릿을 말한다. 단단한 종이나 아세테이트지를 다이로 커팅하여 사용하는 것도 가능하다.
- **잉크**(스프레이 잉크, 잉크패드)**와 도구**(블렌딩 툴, 스펀지 도버)**:** 스텐실 템플릿을 대고 블렌딩 툴이나 스펀지 도버에 잉크를 묻혀 문지른다.

– **미디엄(젯소, 페이스트)과 도구(나이프, 스텐실 스프레더)**: 스텐실 템플릿을 대고 나이프나 스텐실 스프레더로 미디엄을 펴 바른다. 남은 미디엄은 나이프로 모아서 다시 병에 담아두면 재사용할 수 있다.

잉크 스텐실링 도구

엠보싱 스텐실링 도구

● ● ● ● ● 스텐실 도구의 보관 ● ● ● ● ●

스텐실 템플릿은 일단 재질에 따라 금속과 플라스틱으로 분류하고, 같은 크기의 스텐실 템플릿끼리 모아두거나 제조사별로 고리를 끼워 투명 상자나 바구니, 서랍 등에 보관한다. 각종 미디엄, 나이프, 브레이어, 블렌딩 툴 등은 형태와 용도가 비슷한 믹스드 미디어 도구와 함께 따로 정리해두는 것이 좋다.

나머지 도구

■ **마스킹 도구**

원하지 않는 곳에 잉크가 찍히지 않도록 스탬프 이미지를 가릴 때 주로 사용한다.

- **마스킹 액**(Grafix Incredible White Mask Liquid Frisket): 뚜껑에 달린 붓으로 가리고 싶은 부분에 칠하여 이미지를 가린다. 용액이 마른 후에 다른 이미지를 겹쳐서 스탬핑한다. 작업이 끝난 후에는 마스킹 액을 손으로 문질러 제거한다.
- **마스킹 펜**(Fineline Masking Fluid Pen)
- **마스킹 마커**(Molotow Art Masking Liquid Pump Marker)

- **마스킹 페이퍼**: 뒷면이 약하게 끈적여서 붙였다 뗄 수 있다. 마스킹 전용 종이(Inkadinkado Stamping Mask Paper)와 롤 형태의 마스킹테이프(3M Scotch Roll Masking Tape)가 있다.
- **포스트잇**: 잉크가 스며들지 않도록 2겹을 겹쳐서 사용한다.
- **재접착풀**: 일반 종이 뒷면에 바른 뒤 마르면 마스킹 페이퍼로 사용한다.

■ **디스트레싱 도구**

낡고 빈티지한 효과를 낼 때 사용한다.

- **디스트레싱 툴**(Prima Distressing Tool): 본 폴더와 디스트레서와 사포의 기능이 있고, 손잡이 안쪽으로는 스크래처가 있다. 거칠기의 강도를 선택할 수 있다.
- **페이퍼 디스트레서**: 칼이 내장된 톱니 모양의 홈에 종이를 끼우면 찢어지고 낡은 느낌이 난다.
- **페이퍼 스크래처**: 펜 모양의 와이어 브러시로 사진이나 배경을 긁어 낡고 해진 느낌을 낸다.
- **샌딩 그립 블록**: 둥근 손잡이가 달려서 여러 모양의 재질을 디스트레싱하기 편리하다. 사포를 끼워 사용하며 닳으면 새것으로 교체한다.

- **샌딩 블록:** 손에 잡기 편한 직각 기둥 형태로, 종이와 칩보드의 가장자리를 사포질하거나 드라이 엠보싱의 효과를 더할 때 사용한다.
- **네일 파일:** 네일 손질용 파일을 디스트레스 도구로 활용할 수 있다.

■ 스코어링 도구

- **스코어링 보드:** 종이를 깔끔하게 접거나 선을 긋기 위해 만들어진 플라스틱판이다. 본 폴더로 선을 그어 골이 생기면 안쪽으로 접고, 뒷면이 깔끔하게 접히도록 눌러준다.
- **본 폴더:** 종이를 접거나 선 자국을 내거나 주름을 잡을 때 쓴다.

페이퍼 디스트레싱 도구

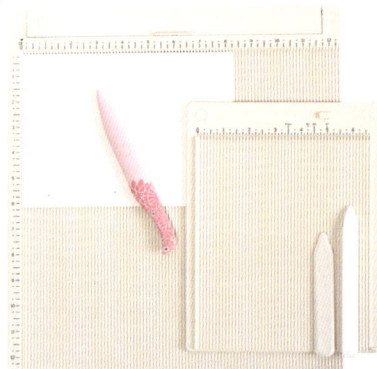

스코어링 보드와 본 폴더

■ 스티치 도구

- **스티치 피어서와 피어싱매트:** 바느질 자국을 내는 롤러 형태의 도구이며, 크래프트 폼 등 탄성이 있는 재질을 매트로 사용하면 스티치 자국을 낼 때 편리하다.
- **스티치용 디자인 자:** 일정한 간격으로 구멍이 뚫려서 스티치 용도로 피어싱을 하기에 편리하다.
- **스티치 모양 스탬프와 다이**

■ 기타 도구

- **스테이플러**(Tim Holtz Tiny Attacher)
- **픽업 도구**(Crystal Ninja Mixed Media Pick Up/Quickstick Craft Tool): 끝부분에 고무 같은 끈적임이 있어 젬스톤 등 작은 장식물을 집어 올릴 때 유용하다.
- **송곳과 페이퍼 피어서**: 종이에 작은 구멍을 뚫는 뾰족한 도구로, 다이 커팅 시 다이 틀에 낀 종잇조각을 빼낼 때도 사용한다.
- **러브온 툴**: 끝이 납작하여 판박이를 문질러 이미지를 전사할 때 쓴다.
- **집게**(EK Success Craft Tweezers)**와 블로섬 봉**: 뜨거운 열로 히트 엠보싱할 때 종이를 잡거나 꽃술이나 꽃잎 등을 말 때 사용한다. 블로섬 봉으로 탄성 있는 크래프트 폼 위에 꽃잎 모양의 종이를 두고 가운데를 문지르면 둥근 입체감이 생긴다.
- **바느질 도구나 재봉틀**: 카드나 펠트 등에 스티치하거나 박음질할 때 쓴다.

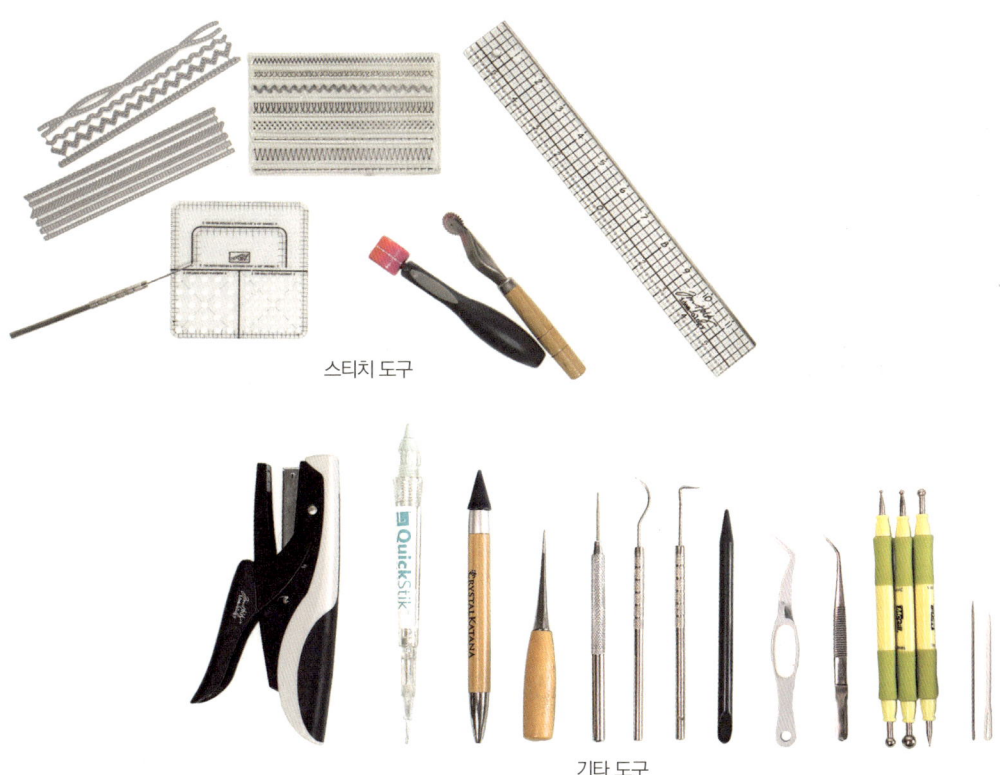

스티치 도구

기타 도구

● ● ● ● 나머지 도구의 보관 ● ● ● ●

■ **마스킹 도구**

마스킹 도구만 모아서 보관하면 좋지만 같은 기능이라도 형태가 제각각이므로 대개는 형태나 모양이 비슷한 다른 도구와 모아두게 된다. 예를 들면 A4 크기의 마스킹 종이는 특수지와 함께 넣어두고, 마스킹테이프는 테이프류의 접착제와 보관한다. 마스킹 액은 액체형 접착제나 클리너 용액 등과 함께 세워둔다.

■ **그 밖의 도구**

기본적인 도구(칼, 가위, 자, 풀 등)는 책상 위의 보관통에 담아두고 사용 후 바로바로 제자리에 두도록 한다. 자주 사용하는 도구(송곳, 본 폴더, 펜치 등)는 도구통에 꽂아두는 것보다 서랍에 눕혀 보관하면 찾기 쉽다. 손잡이가 달린 도구는 벽에 걸린 랙에 보관하거나 얕은 서랍 또는 상자에 눕혀서 보관한다. 도구가 많다면 서랍 내부가 너무 복잡해지지 않도록 보조 서랍을 마련하여 가끔 사용하는 도구(디스트레스 툴, 블로섬 봉, 스티치 도구 등)를 따로 두는 것이 좋다.

> 장식
> 재료

종류는 수없이 많고 트렌드에 따라 달라지지만 그 재료가 무엇이든 작품을 돋보이게 만드는 게 목적이다. 상품화된 것 외에 주변에 있는 소재를 활용해본다.

■ 글리터 외의 장식

젬스톤, 크리스털, 반진주, 에나멜 닷(Enamel Dots), 캔디 닷(Candy Dots), 듀 드롭(Dew Drops), 시퀸스(Sequins), 비즈나 작은 조각(Confetti), 단추, 눈알(Eyes Shapes), 펠트, 우드, 레진, 메탈 참, 배지(Flair Badges), 꽃 장식 등을 많이 활용한다. 그 밖에 조개껍데기, 작은 돌 등 장식으로 사용할 수 있는 소재는 무궁무진하다.

■ 이음쇠 장식(Fasteners)

이음 부위를 고정하는 데 쓰는 메탈 소재의 사무용품도 장식으로 많이 활용한다. 브래드(Brads), 아일릿(Eyelets), 클립, 핀, 고리(Jump Rings), 라벨판, 집게, 포토 브래드(Photo Brads), 경첩, 버클 등이 있다.

■ 페이퍼 장식

스티커, 러브온, 다이 커팅(Pre-Made Punch Outs), 칩보드, 사진 프레임, 기념지(Ephemera), 파일 폴더, 종이 포켓, 태그, 미니 봉투 등이 있다.

● ● ● ● 장식 재료의 보관 ● ● ● ●

종류가 너무나 많아 하나의 기준으로 정리하기는 힘들다. 일단 재질에 따라 분류하고 수량이 많으면 크기별로 나누는 것도 좋은 방법이다. 장식 재료를 세분하여 보관할 때는 칸이 많은 미니 서랍장이나 투명한 플라스틱 상자를 사용하는 것이 효율적이다. 유리병에 보관하면 정리와 장식을 겸할 수 있다. 젬스톤류는 대개 같은 종류끼리 보관하지만, 컬러별로 모아서 정리해두면 같은 색상 다른 질감의 장식을 함께 사용하기 편리하다. 우드베니어, 메탈 참, 장식용 이음쇠, 레진 등은 같은 소재끼리 정리하고, 양이 많은 경우 크기나 모양별로 세분화하여 작은 서랍이나 상자에 보관한다.

리본과 끈

선물 포장과 장식에 쓰일 뿐만 아니라 작품에 색감과 질감을 더해주는 역할도 한다. 특히 다양한 질감의 리본과 끈을 함께 장식하거나 포장하면 색다른 느낌을 줄 수 있다.

■ 리본

새틴(Satin), 메시(Mesh), 실크, 면, 레이스, 스웨이드, 벨벳, 종이, 스팽글, 라피아(Raffia) 등의 소재로 만들어지며 폼폼(Pompom), 프릴, 스티치, 자수리본 등이 있다.

■ 끈

트와인(Baker's Twine), 투명 나일론실이나 낚싯줄, 면끈, 마끈(햄프끈), 노끈, 스웨이드끈, 털실(Fibers), 메탈릭 끈(Metallic Thread) 등이 있다.

■ 장식테이프

레이스 리본테이프, 장식 종이테이프, 와시테이프, 패브릭 리본테이프 등이며, 뒷면에 접착력이 있어 사용이 편리하다.

● ● ● ● ● 리본과 끈의 보관 ● ● ● ● ●

끈이나 리본, 옷감 등도 색상지와 마찬가지로 미리 정해둔 색상 순서대로 정리하면 보기에도 좋고 찾기도 쉽다. 장식을 겸하여 랙에 걸어 보관하거나 작은 구멍을 뚫어 리본 끝이 나오도록 정리하는 방법도 있다. 유행이 지났거나 안 쓰는 리본들은 과감히 정리하거나 따로 상자에 보관한다.

PART 2

스탬프 아트를 배우다

스탬핑하기
컬러링하기
배경 만들기
다양한 기법 익히기
작업 계획하기
작업하기
장식하기

스탬핑하기

스탬핑은 스탬프에 잉크를 묻혀 종이에 찍어내는 단순한 과정이지만 조금이라도 삐뚤거나 잉크가 뭉쳐서 찍히거나 덜 찍히면 생각보다 큰 실망감을 맛보게 된다. 아까운 종이를 버리게 되는 경우도 많기에 실수를 줄이기 위해서는 연습과 요령이 필요하며, 스탬핑 툴의 도움을 받는 것도 좋은 방법이다.

스탬핑 준비

■ 스탬프 선택하기

깨끗하고 선명한 이미지를 얻으려면 깊게 각인되어 이미지가 선명한 스탬프를 선택해야 한다. 폼 재질의 스탬프 등은 이미지가 뭉개져서 찍히는 경우가 있고, 얕게 각인된 스탬프는 마운트된 부분까지 찍히기도 한다. 초보 스탬퍼라면 사실적이고 선이 많은 스탬프보다는 단순하고 명확한 이미지의 질 좋은 스탬프를 선택하는 것이 스탬핑에 대한 자신감을 얻는 데 도움이 된다.

■ 잉크패드 준비하기

잉크의 성질에 따라 스탬핑 결과가 조금씩 다르다. 처음에는 빨리 마르며, 기본적인 색상으로 이루어진 다이 잉크가 사용하기 편리하다. 잉크가 말라 있으면 리필잉크로 보충하거나 잉크 리프레셔(Ink Refresher)를 뿌린 후 사용하고, 수분이 많은 새 잉크패드라면 연습지에 스탬핑하여 잉크의 양을 조절한다.

■ 마운팅하기

우드마운트 스탬프와 달리 언마운트된 클링과 클리어 스탬프는 아크릴 블록이 필요하다. 플라스틱 판(필름지)에 붙어 있는 클링 스탬프와 아세테이트지에 붙어 있는 클리어 스탬프는 떼어내어 아크릴 블록에 부착한다.

■ 스탬프에 잉크 묻히기

스탬프에 잉크를 고루 묻히는 것은 깔끔한 이미지를 얻기 위해 매우 중요하다. 크기가 작은 스탬프는 잉크패드 위로 스탬프를 눌러 잉크를 묻히기도 하지만, 보통 스탬프의 이미지가 위로 보이도록 놓아두고 잉크패드로 여러 번 톡톡 두드려 잉크를 고루 도포한다. 스탬핑 라인이 크면 안쪽 면에 잉크가 묻기 쉬우므로 잉크패드를 비스듬히 세워서 라인을 따라 잉킹한다.

스탬프에 잉크패드를 두드려 잉킹하기

스탬프 라인을 따라 잉킹하기

■ 스탬핑 매트 사용하기

바닥이 평평한 곳에 매트(탄성 있는 크래프트 폼)를 깔고, 그 위에 종이를 올려놓으면 좀 더 선명하고 섬세한 스탬핑이 가능하다.

■ 청결한 상태 유지하기

스탬프에 잉크 잔여물이 있으면 깨끗한 이미지를 얻기 어렵다. 이면지에 먼저 스탬핑하여 상태를 확인하고 잉크의 흔적을 제거한 후 사용한다. 또 손이나 바닥 등에 묻은 잉크가 종이를 더럽히지 않도록 주의하고, 다 쓴 물휴지가 종이를 적셔 작업을 망치는 경우도 있으므로 주변을 잘 살핀다.

■ **스탬프 상태 확인하기**

새 스탬프나 저렴한 클리어 스탬프의 경우 제조 잔여물이 남았거나 기름이 묻어 잉크가 고루 묻지 않고 방울방울 뭉칠 수 있다. 아주 고운 사포(네일 파일)로 클리어 스탬프의 단면을 살짝 문지르고 클리너로 잔여물을 닦아낸 후 사용한다. 혹은 새 스탬프에 워터마크 잉크를 묻힌 후 종이에 닦아내고, 다시 원하는 잉크를 묻혀 스탬핑해도 잉크가 고루 묻는다.

솔리드 스탬프의 이미지가 고루 찍히지 않을 때는 잉크를 바꿔보는 것도 좋다. 다이 잉크 대신 피그먼트 잉크나 초크 잉크를 사용하면 매끄럽게 스탬핑된다.

사포질 후 스탬핑

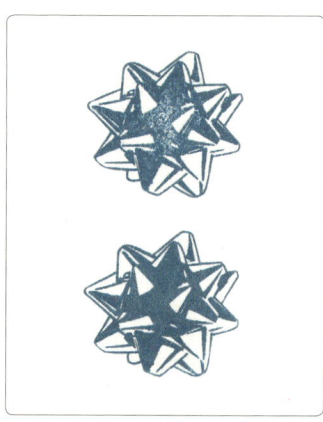
워터마크 잉크 이용

피그먼트 잉크 스탬핑

■ **기본 스탬핑하기**

잉크가 묻은 스탬프를 종이에 고른 압력으로 지그시 눌러준 후, 스탬프를 직각으로 들어 올린다. 종이가 스탬프에 따라 올라오는 경우 여백에 잉크가 묻지 않도록 조심스럽게 떼어낸다. 스탬프를 찍을 때는 잉크를 묻힌 후 다른 종이에 먼저 찍어 스탬핑 상태를 살펴보는 습관을 들이는 것이 좋다.

우드마운트나 폼마운트 스탬프는 스탬핑했을 때 이미지 가장자리에 라인이 생기는 경우가 있다. 잉크패드에 스탬프를 지나치게 힘주어 누르거나 스탬프를 앞뒤로 흔들면서 누르지 않도록 주의한다.

배경 스탬프처럼 크기가 큰 스탬프는 잉크패드로 두드려 잉크를 묻힌 후 스탬프 위로 종이를 덮어서 스탬핑한다. 이때 스탬프보다 종이가 작은 경우에는 그 위에 이면지를 덮은 후 양손의 손가락으로 압력이 고루 가해지도록 눌러준다.

■ 클리어 스탬프로 스탬핑하기

우드 스탬프와 달리 재질에 따라 누르는 압력이 강하면 스탬프 라인이 두껍게 찍히거나 고르지 않게 찍히는 경우가 있기에 균일한 압력으로 스탬핑하는 것이 중요하다.

투명한 성질을 이용하여 멀티 스텝 레이어링(여러 단계로 겹쳐 스탬핑)하기 편리하다. 여러 이미지를 아크릴 블록에 매칭하여 스탬핑하거나, 종이에 여러 이미지를 스탬핑하여 하나의 새로운 이미지를 만들 수 있다. 곡선으로 구부려서 스탬핑하거나 필요한 부분만 가위로 잘라서 사용할 수도 있다.

멀티 스텝 레이어링하기

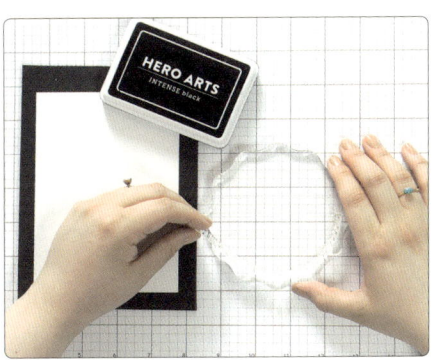
클리어 스탬프 구부려 사용하기

곡선으로 구부려 스탬핑하기

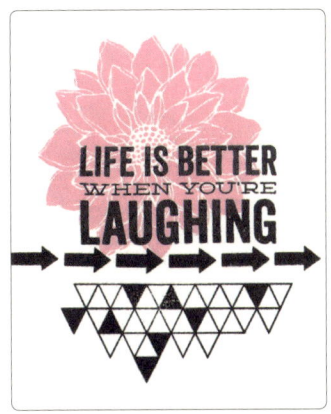
여러 스탬프로 새로운 이미지 만들기

■ 수평으로 스탬핑하기

공들여 만든 작품을 망치지 않도록 수평을 잘 맞추어 스탬핑한다. 아크릴 블록의 그리드나 스탬프 프레스, 스탬프 포지셔너, MISTI 같은 스탬핑 툴을 이용하거나 T자를 이용하는 것도 좋은 방법이다.

T자로 스탬핑 수평 맞추기

■ 스탬핑 수정하기

잉크가 덜 묻었거나 이미지가 흐리게 스탬핑되었을 때 다시 찍는 대신 수정하여 사용하면 종이와 시간 낭비를 줄일 수 있다. 스탬핑 라인이 선명하지 않거나 끊어졌을 경우 스탬핑 라인의 두께와 같은 굵기의 펜으로 수정한다. 스탬핑 후 마커 컬러링할 경우에는 수성 펜인 코픽 멀티라이너를, 수채 컬러링할 경우에는 유성 네임 펜(모나미/PILOT Twin 마커)을 사용한다. 작업이 끝난 후 채색으로 흐려진 이미지를 덧그릴 때도 사용한다.

카드지에 살짝 묻은 잉크나 원치 않는 스탬핑 라인은 모래와 고무를 섞어 만든 모래 지우개로 지우거나 칼로 긁어낸 후 고운 사포로 문질러준다. 다이 잉크보다 피그먼트 잉크가 더 잘 지워진다.

■ 스탬핑 변형하기

스탬프 이미지 자체를 변형하고자 할 때는 전체 이미지 중 필요 없는 부분의 잉크를 닦아내거나 종이로 가리고 스탬핑한 다음, 코픽 멀티라이너나 네임 펜으로 필요한 부분을 그려 넣는다.
원하는 이미지를 단순화하여 연필로 그리고 0.1mm 코픽 멀티라이너로 끊어지지 않도록 연필 선을 따라 덧그린 후, 지우개로 연필 선을 지우면 나만의 손그림 스탬프도 만들 수 있다.

■ 스탬프 닦기

스탬프는 관리만 잘하면 오랫동안 사용할 수 있다. 깨끗한 스탬프는 잉크패드를 다른 색으로 물들이거나 오염시키지 않는다. 스탬프에 잉크가 남아 있으면 이면지에 문질러 여분의 잉크를 제거한 후 닦는다. 스탬핑하고 나서 바로 닦는 습관을 들이는 것이 좋다. 스탬핑의 질이 바뀌는 것은 아니지만 착색을 어느 정도 방지할 수 있다.

알코올은 고무를 건조시키기 때문에 오래되면 스탬프가 바스러질 수 있다. 따라서 무알코올 클리너 제품을 사용하는 것이 좋다. 클리어 스탬프는 유성 잉크 클리너로 닦으면 탄력이 없어지므로 제품 안내서를 읽어보고 반드시 클리어 스탬프 전용 잉크 클리너를 쓴다. 스탬프는 잘 닦은 후 자연건조하여 제자리(플라스틱판이나 투명 아세테이트지)에 보관한다.

스탬핑 기법

새로운 도구, 특히 MISTI 같은 스탬핑 툴 덕분에 스탬핑이 훨씬 편리해졌다. 여기에 창의적인 아이디어가 더해지면서 스탬핑 기법이 끊임없이 발전하고 있다. 하나의 작품에 여러 기법을 활용하기도 하며, 기법과 기법을 융합하여 새로운 테크닉을 만들기도 한다.

■ 톤온톤 스탬핑

하나의 색감 위에 비슷한 색감을 얹어 잔잔한 시각적 재미를 주는 것을 말한다. 보통 연한 색상지에 같은 색감의 잉크로 스탬핑하면 조금 진한 색감의 패턴이 나타나고, 흰색 피그먼트 잉크로 스탬핑하면 은은한 톤온톤 효과를 낼 수 있다. 색상지에 투명한 워터마크 잉크를 묻혀 스탬핑하면 마르면서 색상이 도드라지는데, 색상지와 같은 색감의 피그먼트 잉크나 워터마크 잉크로 스탬핑한 후 클리어 히트 엠보싱하면 광택이 있는 톤온톤 효과가 나타난다.

■ 그러데이션 스탬핑

명도나 색상이 단계적으로 조금씩 변화하도록 스탬핑하는 것이다. 연한 색부터 진한 색으로, 그리고 중간색을 거쳐 다른 색상으로 자연스럽게 옮겨가도록 스탬핑한다.

- **투톤 스탬핑:** 하나의 스탬프에 명암을 주어 스탬핑하는 것이다. 잉크패드 하나로 전체를 스탬핑하고 어둡게 할 부분에 같은 색 잉크를 반복하여 찍으면 명암이 나타난다. 혹은 연한 색 잉크로 먼저 스탬핑하고 어둡게 할 부분에 진한 색감의 잉크를 겹쳐서 스탬핑해도 투톤 효과를 볼 수 있다.
- **옴브레 스탬핑:** 색상이 점차적으로 변화되도록 스탬핑하는 것이다. 옴브레 잉크패드가 없더라도 스탬핑 툴을 이용하면 반복하여 스탬핑하면서 색상의 변화를 만들 수 있다. 스펀지 도버를 이용하여 스탬프에 직접 색상의 변화를 주면서 잉킹한 후 스탬핑해도 옴브레 효과가 자연스럽게 나타난다.

같은 색감 잉크로 톤온톤 스탬핑

흰색 피그먼트 잉크로 톤온톤 스탬핑

워터마크 잉크로 톤온톤 스탬핑

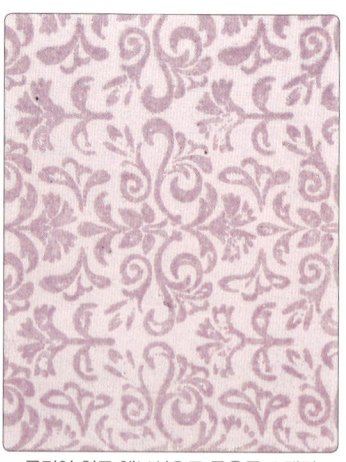
클리어 히트 엠보싱으로 톤온톤 스탬핑

그러데이션 스탬핑   투톤 스탬핑   옴브레 스탬핑

■ 제너레이션 스탬핑

스탬프 이미지에 잉크를 묻힌 후 연속하여 스탬핑하며 진한 색에서 연한 색으로 점점 흐려지게 하는 것이다. 연속성이나 율동감이 있는 표현에 적합하다. 잉크가 충분히 충전된 잉크패드를 사용하고, 다이 잉크보다는 천천히 마르는 피그먼트 잉크가 더 효과적이다.

잉크를 묻힌 후 두 번째로 스탬핑하여 색감이 연해진 이미지를 사용하는 기법은 세컨드 제너레이션 스탬핑이라고 한다.

제너레이션 스탬핑 1   제너레이션 스탬핑 2   세컨드 제너레이션 스탬핑

■ 멀티 컬러 스탬핑

하나의 스탬프 이미지를 여러 색상으로 스탬핑하는 것으로 레인보 스탬핑이라고도 한다. 멀티 컬러 잉크패드로 잉킹하거나 여러 색상의 마커로 스탬프 이미지에 직접 칠하여 스탬핑한다. 또는 스펀지 도버로 여러 색상의 잉크를 스탬프 이미지에 스펀징하여 스탬핑하거나 스탬핑 툴을 이용하여 각 부분에 다른 색감으로 잉킹하여 반복 스탬핑한다.

■ 레이어드 스탬핑

밝은색 잉크로 이미지 전체를 스탬핑하고 외곽선으로 갈수록 점점 어두운색으로 겹쳐서 스탬핑하는 것이다. 색깔을 인쇄하는 과정과 비슷하며 입체감이 있고 손으로 컬러링한 느낌을 준다. 레이어드 스탬핑 용도로 만들어진 스탬프와 잉크패드를 이용하면 편리하다. 가지고 있는 잉크패드 중 명도 차이가 있는 같은 색상의 잉크패드를 골라 스탬핑해도 된다. 일반 컬러 잉크패드로 스탬핑하고, 그 위에 흰색 피그먼트 잉크를 묻힌 스펀지 도버로 스펀징한 다음 마르면 같은 색상의 잉크패드로 레이어링 스탬프를 겹쳐 찍는 방법도 있다. 쨍한 색감이 연해지고 단순 레이어링 잉크로 찍은 것과 달리 우아한 명암 효과가 생긴다.

제너레이션 스탬핑의 효과를 반대로 이용해서 레이어드 스탬핑을 할 수도 있다. 다른 종이에 먼저 스탬핑하여 흐려진 스탬프로 전체 이미지를 스탬핑한다. 같은 색감의 잉크를 이미지의 외곽에 묻혀 그 위에 다시 스탬핑하면 좀 더 진한 색감이 겹쳐지며 음영이 나타난다.

■ **섀도 스탬핑**

스탬핑한 후 같은 이미지를 조금 비껴서 반복 스탬핑하여 그림자 효과를 줄 수 있다. 진한 색감의 그림자 위에 연한 색감의 이미지를 표현하고자 할 때는 다이 잉크와 불투명한 피그먼트 잉크를 함께 사용하는 것이 좋다. 다이 잉크로 진한 섀도 부분을 찍고 흰색이나 밝은 색상의 피그먼트 잉크를 묻힌 스탬프를 옆으로 비껴서 겹쳐 찍는다.

반대로 이미지를 강조하는 효과를 주려면 밝은색 잉크를 묻혀 찍은 이미지에 다시 검정 잉크로 비스듬히 비껴서 반복 스탬핑한다.

다이 잉크에 피그먼트 잉크로 섀도 스탬핑　　다이 잉크에 검정 잉크로 섀도 스탬핑

-고스트 스탬핑: 그림자 효과를 주면서 입체감을 나타내는 기법으로, 섀도 스탬핑과 거의 같지만 고스트(유령)라는 이미지처럼 흰색 잉크패드를 사용하여 그림자 효과를 주는 것이다.

흰색 피그먼트 잉크를 묻혀 스탬핑한 다음 다른 색 잉크로 겹쳐서 스탬핑하거나, 다이 잉크를 묻혀 스탬핑한 다음 흰색 피그먼트 잉크로 겹쳐서 스탬핑하여 입체감을 준다.

흰색 피그먼트 잉크로
스탬핑하고
다른 색 잉크로
겹쳐서 스탬핑하기

다이 잉크로
스탬핑하고
흰색 피그먼트 잉크로
겹쳐서 스탬핑하기

■ **미러 스탬핑**

거울에 사물이 비치듯 반대 방향으로 스탬핑하는 것이다. 미러 스탬핑용 스탬프나 아세테이트지에 원하는 이미지의 스탬프를 찍고 종이를 덮어 누르면 반대 방향으로 스탬핑된다. 미러 스탬핑은 천천히 마르는 VersaFine 피그먼트 잉크를 이용하는 것이 좋으며 스탬핑 툴을 이용하면 편리하다.

■ 키싱 스탬핑

솔리드 스탬프(음각 스탬프)와 섬세한 무늬가 있는 아웃라인 배경 스탬프(양각 스탬프)를 마주 보고 서로 겹쳐 찍어서 음각 부분에 양각의 패턴이 생기도록 하는 기법이다.

- **잉크패드 1개를 사용하여 키싱 스탬핑하기**: 솔리드 스탬프에만 잉킹하여 아웃라인 배경 스탬프를 마주 보고 찍은 후, 솔리드 스탬프를 종이에 스탬핑하면 솔리드 스탬프의 이미지에 아웃라인 스탬프의 패턴이 흰색으로 보이도록 스탬핑된다. 이때 아웃라인 배경 스탬프에는 솔리드 스탬프의 잉크가 묻어와서 솔리드 스탬프의 이미지에 아웃라인 배경 스탬프의 패턴이 생긴 모양을 스탬핑할 수 있다.

솔리드 스탬프에 아웃라인 배경 스탬프의
패턴이 스탬핑된 모습

아웃라인 배경 스탬프에 솔리드 스탬프
이미지가 묻어난 모습

- **잉크패드 2개를 사용하여 키싱 스탬핑하기**: 솔리드 스탬프에는 연한 색 다이 잉크를 잉킹하고, 아웃라인 배경 스탬프에는 진한 색 다이 잉크나 피그먼트 잉크를 잉킹하여 마주 보게 스탬핑한다. 종이에는 솔리드 스탬프의 이미지에 아웃라인 스탬프의 패턴이 진하게 새겨진 이미지가 스탬핑된다.

■ 리지스트 스탬핑

서로 다른 성질 때문에 분리되는 현상을 이용한 것으로, 우리말로는 반발 기법이라고 한다. 스탬핑 뿐만 아니라 배경 만들기 등에서도 사용한다.

리지스트 잉크나 워터마크 잉크로 스탬핑한 후 디스트레스 잉크로 블렌딩하거나 채색하면 잉크가 묻은 부분이 그대로 남는다. 클리어나 화이트 히트 엠보싱한 후 블렌딩이나 수채 기법으로 컬러링 하면 엠보싱된 부분은 채색되지 않고 광택이 있는 스탬프 이미지가 그대로 남는다.

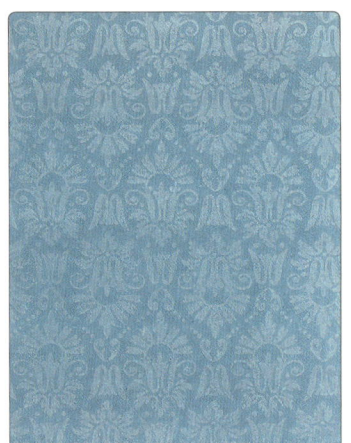

워터마크 잉크로 리지스트 스탬핑   클리어 엠보싱으로 리지스트 스탬핑

■ 워터 스탬핑

수성 다이 잉크로 잉킹하거나 블렌딩한 종이에 잉크 대신 물이 묻은 스탬프로 스탬핑하면 물 자국이 잉크를 녹여 흰 자국을 만들면서 스탬핑된다. 이때 스탬프에 엠보싱용 잉크를 먼저 묻히면 물이 더 잘 묻어난다. 또 다른 방법은 물이 묻은 스탬프를 종이에 찍고 물이 종이에 흡수된 직후 블렌딩 툴로 잉킹하면 물 자국 위로 스탬핑된 이미지가 보이게 된다.

■ 표백 스탬핑

배경 작업이 이루어진 종이에 세탁용 얼룩제거제(혹은 락스)를 묻힌 스탬프로 스탬핑하면 표백 효과가 생겨서 스탬핑한 곳이 하얗게 변한다. 물보다 더 강력한 표백 효과를 볼 수 있다.

| 블렌딩 후 워터 스탬핑 | 워터 스탬핑 후 블렌딩 | 표백 스탬핑 |

■ 패턴 스탬핑

작은 이미지의 스탬프를 모아서 하나씩 스탬핑해가며 패턴 형태가 만들어지도록 하는 것이다. 사방 90도로 각도를 맞추어 찍거나 자유롭게 혹은 방사선 방향으로 스탬핑해도 재미있는 패턴이 나온다.

■ 반복 스탬핑

같은 이미지를 반복하여 스탬핑하는 것이다. 주로 메시지 등 스크립트를 반복하여 스탬핑하면 율동감이 생기며 스탬프 이미지를 강조하는 효과가 있다.

패턴 스탬핑 　　　　　반복 스탬핑

■ 모양 스탬핑

이미지가 작은 스탬프로 스탬핑하면서 특정한 모양을 만들어내는 것으로 마스킹 기법을 필요로 한다. 원하는 모양을 마스크 종이에 그려 칼로 뚫거나 다이 커팅하고, 종이에 모양이 뚫린 마스크 종이나 나머지 다이 컷(다이의 모양을 뚫어내고 남은 종이)을 올려두고 그 안쪽으로 스탬핑하면 특정한 모양이 만들어진다.

■ 콜라주 스탬핑

스탬프의 이미지를 오버랩하여 반복 스탬핑하거나 여러 방향으로 스탬핑하여 새로운 이미지를 만드는 것을 말한다. 주로 빈티지한 스탬프를 사용하며, 메인 이미지와 배경 이미지를 함께 스탬핑하여 조화를 이루도록 한다.

■ 회전 스탬핑

스탬프를 네 방향으로 회전해서 패턴을 만들 수 있다. 스탬핑 툴에 스탬프를 부착해두고 종이를 회전하여 스탬핑하면 편리하다. Concord & 9th사의 Turnabout Stamp 세트에서 볼 수 있는 아이디어인데, 스탬핑 툴에 클리어 스탬프를 모아서 정사각형 ¼면에 구성해두고 종이를 돌려가며 네 방향으로 스탬핑한다. 패턴 스탬핑과 반복 스탬핑을 동시에 하는 등 응용할 수 있는 방법이 많은 재미난 기법이다.

모양 스탬핑   콜라주 스탬핑   회전 스탬핑

컬러링하기

스탬프 이미지에 컬러링하는 과정은 초보 스탬퍼에게는 새로운 도전이다. 완성 작품의 전반적 느낌을 좌우하기 때문에 어느 수준까지는 컬러링에 능숙해질 필요가 있다. 먼저 하나의 채색 재료에 익숙해진 다음 다른 재료에도 접근해보자.

수채 컬러링

자연스럽고 아름다운 색을 더할 수 있는 채색 방법 중 하나다. 스탬프 이미지는 컬러링할 면적이 크지 않으므로 번지는 효과보다는 이미지에 맞게 붓질한다. 보통 밝은색에서 시작하여 점점 어두운색을 더하면서 명암을 주지만, 좁은 면적의 스탬프 이미지를 칠할 때는 마커 컬러링과 마찬가지로 가장자리에 진한 색감을 먼저 칠하고 워터 브러시로 블렌딩하며 하이라이트를 표현한다.

●●●● **수채 컬러링의 기본** ●●●●

■ **유성 잉크로 스탬핑하기**

Archival, StāzOn, VersaFine 등 물에 번지지 않는 유성 잉크나 유수성 겸용 하이브리드 잉크로 스탬핑한다.

■ **수채화지 사용하기**

평량 300g 이상의 두꺼운 수채화지가 좋으며, 종이가 울지 않도록 화판에 마스킹테이프로 고정해두고 사용한다.

■ 둥근 붓 선택하기

좁은 곳과 넓은 곳을 칠할 때 두루 사용하기 편하다. 붓에 물을 듬뿍 묻히면 좀 더 부드럽게 채색되고, 물을 적게 묻히면 세밀한 부분을 표현하거나 질감을 나타낼 때 효과적이다.

■ 워터 브러시 사용하기

작은 물통과 붓이 연결되어 있어서 편리하지만 물을 많이 사용할 때는 펌핑하여 양을 조절해야 한다.

■ Wet-in-Wet 혹은 Wet-on-Dry 기법으로 채색하기

색칠할 종이에 먼저 물을 묻혀둔 후 컬러링하면 물감이 번지면서 색감이 부드러워진다. 마른 종이에 수채 컬러링하면 모양에 맞게 물감을 통제하면서 컬러링하기 좋다.

■ 색상 레이어드하기

여러 색을 겹쳐 칠하고자 할 때는 단계마다 밑색이 건조되는 시간이 필요하다. 건조 후 수채 재료를 덧칠하면 각 단계의 색상이 선명하게 레이어드되어 맑게 채색할 수 있다.

■ 하이라이트 표현하기

수채화의 장점인 맑고 환한 느낌을 살리려면 하이라이트 부분에 흰 부분을 조금씩 남기는 것이 좋지만 지나치게 명암이 대비되지 않도록 한다.

■ 수채 컬러링 수정하기

색감이 너무 진하거나 물이 많은 경우엔 휴지 또는 천으로 닦아내고 물기를 빼서 뻣뻣해진 붓으로 수정한다.

닦아내기 기법으로 수정하기

●●●● 스탬핑 라인과 수채 컬러링 ●●●●

검정 잉크는 또렷한 이미지의 컬러링에 적당하고, 갈색이나 회색 잉크는 빈티지하거나 좀 더 부드러운 느낌으로 컬러링할 때 사용한다. 수성 기반의 다이 잉크를 사용하면 스탬핑 라인이 물감과 블렌딩되어 번짐 효과가 커진다. 스탬핑 라인이 보이지 않도록 흐리게 스탬핑하면 맑고 은은한 느낌이 난다.
워터마크 잉크로 스탬핑하여 클리어나 화이트 히트 엠보싱을 하면 리지스트 기법으로 수채 컬러링할 수 있다. 물감이나 스탬핑 마커를 스탬프에 직접 칠하여 스탬핑한 후 채색하면 이미지 라인이 물에 번지면서 수채화 느낌이 난다.

스탬핑 라인에 따른 수채 컬러링 비교

소소한 TIP

아주 연한 톤의 색감으로 만들어진 하이브리드 잉크패드는 노라인 컬러링 기법에 사용할 수 있다. 수채와 유성 컬러링 둘 다 가능하며 베이지는 따뜻한 색감, 블루는 차가운 색감의 작업에 사용한다. 노라인 잉크패드가 없다면 연한 색 수성 다이 잉크를 사용한다. 먼저 이면지에 스탬핑한 후, 잉크가 흐려진 스탬프로 다시 스탬핑(세컨드 제너레이션 스탬핑)하여 노라인 컬러링에 사용하도록 한다.

■ 수채 물감

튜브형 물감은 바로 짜서 사용할 수 있으므로 짙은 농담을 표현하기에 좋다. 고체 물감은 휴대가 간편하며 물을 살짝 뿌려두면 물감의 안료가 녹아서 사용하기 편하다.

종이 전체에 물을 칠한 다음 컬러링하거나 부분적으로 물칠을 하면서 컬러링하는 Wet-in-Wet 기법과 마른 종이에 컬러링하는 Wet-on-Dry 기법을 연습해보고 스탬프 이미지와 어울리도록 컬러링한다.

Wet-in-Wet 컬러링

Wet-on-Dry 컬러링

■ 수채 색연필

수채 색연필로 칠한 후 워터 브러시나 물 묻은 붓으로 문지르면 수채 효과가 나타난다. 수채 색연필로 칠한 부분은 물에 닿으면 녹으므로 세심하게 컬러링하지 않아도 되지만 음영을 표현하기 위해서는 밑색이 마를 때까지 기다려야 한다. 색연필로 연하게 칠하면 맑은 수채화 느낌을 줄 수 있다.

먼저 연한 색을 칠하여 전체 면을 블렌딩한 후 건조되면 조금 더 진한 색연필로 가장자리를 칠하여 블렌딩한다. 가장자리의 음영이 진하게 표현되고 명암이 자연스러워질 때까지 레이어드하여 색칠하고 블렌딩한다. 색연필로 미리 그레데이션되도록 색칠한 후 물 묻은 붓으로 블렌딩할 수도 있다. 밝은 부분에서 시작하여 어두운 부분으로 블렌딩하여 하이라이트가 깨끗하게 표현되도록 한다.

| 연한 색 칠하기 | 겹치기 기법으로 컬러링하기 | 색연필로 그러데이션 컬러링하기 | 블렌딩하기 |

중간색을 만들 때는 2가지 색상을 섞어 칠한 후 블렌딩하는 것보다 따로 칠하여 블렌딩하는 것이 색상의 겹침이 보이면서 깨끗하고 맑은 수채화 느낌을 살리기에 좋다.

| 2가지 색상 섞어 칠하기 | 블렌딩하기 | 2가지 색상 따로 칠하기 | 블렌딩하기 |

■ 수성 잉크

수성 다이 잉크패드를 아크릴 블록이나 크래프트시트에 묻힌 후 워터 브러시나 물 묻은 붓을 이용하여 컬러링한다. 먼저 넓은 면을 연하게 칠하고 건조되면 겹쳐 칠하면서 음영을 넣어준다.

■ 수채 마커

스탬프 이미지의 가장자리를 수채 마커로 칠하고 워터 브러시로 펴 바르며 음영을 조절한다. 어두운 부분을 표현하려면 채색한 부분을 건조한 후, 다시 진한 색을 칠하고 경계가 생기지 않도록 한 번 더 블렌딩한다. 다른 색감의 마커로 덧칠하면 물감이 섞이듯 중간색으로 블렌딩이 가능하다.
수채 마커는 스탬프 이미지에 직접 칠하기 편리하다. 마커로 칠한 스탬프에 스프레이를 뿌려서 스탬핑하거나 바로 스탬핑하여 물 묻은 붓으로 블렌딩하면 수채화의 번짐 효과를 잘 살릴 수 있다.

■ 그 밖의 재료

크레용과 젤라토는 배경 작업에 주로 사용하지만 아크릴 블록이나 종이 팔레트에 원하는 색감을 칠해두고 워터 브러시나 물 묻은 붓으로 녹여 수채 컬러링할 수 있다. 수성 잉크 스프레이, 수성 리필잉크, 수채 마커 등도 잉크패드와 마찬가지로 아크릴 블록에 묻혀 수채 컬러링할 수 있다. 피그먼트 파우더와 퍼펙 펄 등도 물에 녹으므로 수채 컬러링이 가능하다.

자연스러운 그러데이션과 부드럽게 번지는 느낌이 특징이며, 유성 색연필 또는 코픽 마커로 캐릭터나 사물 등의 이미지를 컬러링한다.

●●●● 유성 컬러링의 기본 ●●●●

■ **수성 다이 잉크로 스탬핑하기**

알코올이나 기름에 번지지 않는 수성 다이 잉크(Memento Tuxedo Black), 유수성 겸용 하이브리드 잉크(Hero Arts Intense Black)로 스탬핑한다.

■ **마커 전용지 사용하기**

블렌딩이 잘 되는 마커 전용 종이(클래식 크레스트지, 브리스톨지, X-Press It, 마시멜로지 등)를 선택한다. 유성 색연필로 컬러링할 때도 표면이 부드럽고 매끄러운 종이가 좋다.

■ **블렌딩하기**

물로 블렌딩하는 수채 컬러링과 달리 유성 컬러링에서는 블렌더 마커와 블렌더 색연필이 필수적인 역할을 한다.

■ **색상 레이어드하기**

진한 색 위에 연한 색을 겹쳐 칠하는 과정을 통하여 색상 간의 경계가 없도록 중간색을 만든다. 컬러링을 완성한 다음 다른 색을 살짝 겹쳐 칠하면 밀도 있는 색감이 나타난다.

■ **질감 나타내기**

마커의 브러시 펜 또는 뾰족한 색연필심으로 작은 점을 반복하여 찍거나 빗침 기법으로 동물의 털, 나뭇결 등의 질감을 표현할 수 있다.

■ **유성 색연필**

유성 마커에 비해 상대적으로 저렴하며 사용하기 편리하다. 채색에 시간이 많이 걸리지만 섬세하고 부드러운 표현이 가능하다. 심이 단단한 것보다 부드럽고 번짐이 좋은 색연필이 좋다. 색칠하는 방향에 따라 느낌이 달라지며, 스탬프 이미지를 칠할 때는 원을 그리듯 둥글게 채색한다. 세밀한 부분을 컬러링할 때는 색연필을 뾰족하게 깎아서 사용한다.

-블렌딩하기: 블렌더 색연필이나 지우개로 문지르면 부드럽게 번지면서 하이라이트가 표현된다. 유성 블렌더 마커로도 블렌딩이 되지만 블렌더의 촉에 색이 물들어 닦아내야 하는 불편함이 있다. 오일(Gamsol/Mineral Spirits)을 찰필이나 붓에 묻히고 연한 색 부분부터 둥글게 문지르면서 블렌딩한다. 찰필에 묻은 안료는 사포에 문질러서 깨끗하게 제거한다.

블렌딩용 색연필로 블렌딩하기 / 유성 블렌더 마커로 블렌딩하기 / 오일로 블렌딩하기

-겹쳐 칠하기: 전체 면을 밝고 부드럽게 색칠해두고 그러데이션되도록 반복하여 겹쳐 칠한다. 다른 색으로 겹쳐 칠하면 블렌딩되면서 중간색을 만들 수 있다. 크라프트지에 유성 색연필로 컬러링하는 경우에는 흰색 색연필로 하이라이트를 먼저 표현한 후 그 위에 겹쳐 칠하면서 색상과 음영을 조절한다.

부드럽게 색칠하기 / 점점 진하게 겹쳐 칠하면서 그러데이션하기 / 두 색을 겹쳐 칠하여 중간색 만들기 / 흰색 색연필을 겹쳐 칠하여 하이라이트 표현하기

■ 유성 마커

부드럽게 번져 블렌딩이 잘 되고 그러데이션 효과도 좋다. 코픽 마커를 주로 사용하는데 가격이 비싼 것이 가장 큰 단점이다. 총 358개나 되는 컬러를 모두 구입할 수는 없으니 기본이 되는 색상과 자주 사용하는 색상을 계열별로 묶어서 구입하도록 한다. 컬러 휠이나 컬러 차트, 컬러 스와치북 등을 이용하면 색상 선택에 도움이 된다. 기본적으로 코픽 마커는 촉촉해야 블렌딩이 잘 된다. 잉크가 떨어지면 바로 리필잉크를 채워서 사용한다.

- **블렌딩하기:** 스탬핑 이미지에 명도가 다른 서너 색의 코픽 마커를 겹쳐 칠하면서 색상 간에 경계가 보이지 않도록 블렌딩하는 것이 중요하다. 진한 색으로 어두운 부분을 칠하고 그다음 조금 연한 색으로 겹쳐 칠하여 블렌딩한다. 다시 제일 연한 색으로 전체 면에 색감을 입힌 후 블렌딩이 잘 안 된 부분을 겹쳐 칠하며 색상 간의 경계를 없앤다. 넓은 면을 컬러링할 때는 조금 더 세분화된 단계를 거쳐야 경계가 생기지 않고 자연스럽게 블렌딩된다.
- **블렌더 마커 사용하기:** 연한 색상을 블렌딩하여 하이라이트를 표현하거나 색감을 낮출 때 사용한다. 잘못 칠한 부분이나 삐죽하게 튀어나온 부분을 수정할 때도 사용할 수 있다. 색을 빼내는 역할도 하므로 진한 색상 위에 도트나 줄무늬 등을 그릴 때 유용하다.
- **겹쳐 칠하기:** 채색한 부분에 다른 색을 겹쳐 칠하면 색감이 풍성해진다. 예를 들면 초록색으로 컬러링한 부분에 푸른 계열의 색상을 레이어링하면 짙은 녹음을, 붉은 계열의 색상을 레이어링하면 늦가을의 단풍을 표현할 수 있다.

컬러링한 이미지의 전체나 가장자리 부분에 그레이 톤을 겹쳐 칠하면 통일되면서도 세련되고 안정된 색감이 표현된다. 전체적인 컬러 톤에 따라 쿨톤(코픽 마커 C라인)과 웜톤(코픽 마커 W라인)으로 구분하여 사용하는 것이 좋다.

나뭇잎에 푸른 색상 겹쳐 칠하기

마커 컬러링한 나뭇잎

나뭇잎에 붉은 색상 겹쳐 칠하기

•••• Tip to Tip 기법 ••••

■ 수채 마커와 유성 마커

진한 색과 연한 색 마커의 브러시를 맞대어 색감이 옮겨가도록 하는 기법이다. 색상과 색상 간의 명도 차이가 커서 경계가 보일 때 그 사이의 중간색을 만들 수 있다. 주로 연한 색 채색 도구에 진한 색감을 묻혀 블렌딩한다.

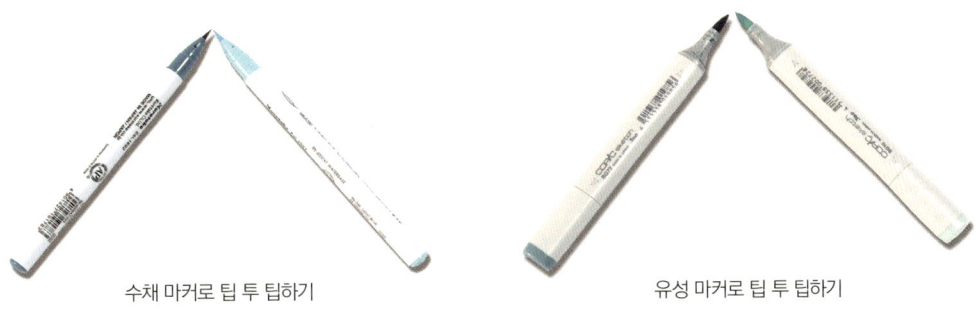

수채 마커로 팁 투 팁하기   유성 마커로 팁 투 팁하기

■ 수채 재료

색연필, 크레용, 젤라토의 안료를 녹일 때도 이 기법을 활용한다. 수채 재료에 물 묻은 붓을 직접 대면 안료가 녹아 물감처럼 사용할 수 있다. 진하고 빠른 컬러링이 가능하여 음영을 표현할 때 편리하다.

수채 색연필과 물 묻은 붓으로 팁 투 팁하기

페이퍼
컬러링

■ 페이퍼 피싱

종잇조각을 이용하여 색을 더하는 것을 말한다.
스탬핑 이미지의 부분마다 색상을 정한 후 필요한 만큼
패턴지에 스탬핑하여 가위로 오려둔다. 오려둔 부분을
차례차례 겹쳐 붙여서 하나의 이미지를 완성하여
스탬핑 이미지에 색을 입힌다. 평면적인 페이퍼 피싱에
입체감을 주고 싶다면 완성된 이미지의 가장자리에
색연필 등 원하는 채색 도구로 음영을 넣는다.

필요한 만큼 스탬핑하기

가위로 오리기

겹쳐 붙여서 이미지 완성하기

■ 색상지 컬러링

컬러링 없이 색상지에 바로 스탬핑해도 스탬핑 이미지에 색감을 입힐 수 있다. 색연필로 부분 컬러링
하면 좀 더 사실적이고 입체적으로 표현된다. 색상지에 컬러링한 이미지를 가위로 오려서 카드 만들
기 등에 활용한다.

배경 만들기

스탬프 아트란 어떤 형태든 결국 배경과 스탬핑의 조화를 이루는 작업이다. 컬러링해둔 이미지가 더욱 돋보이는 배경이 될 수 있도록 여러 도구와 기법을 이용해보자.

패턴지 이용하기

상품화된 패턴지 세트는 배경 작업에 가장 손쉽고도 효과적으로 사용할 수 있는 재료다. 이때 중요한 것은 컬러링한 스탬프 이미지와 패턴지의 어울림이다. 만들고자 하는 작품의 분위기와 용도에 따라 패턴지를 선택한다.

패턴지와 마커 색상 통일하기

■ **스탬핑 이미지와 패턴지 색감 맞추기**

스탬핑 이미지에 컬러링을 해두고 패턴지를 고르는 것보다 패턴지를 먼저 선택한 후 스탬프 이미지를 컬러링하는 것이 좋다. 패턴지의 색감들로 채색하면 통일감을 주고 시각적으로도 편안하다.

■ **패턴지의 문양이나 도안 이용하기**

가위로 자르거나 원 펀치 또는 다이로 커팅하여 또 다른 배경을 만드는 데 활용한다.

패턴지 색감에 맞춰 컬러링하기

■ 저널지 이용하기

낡은 책이나 영자 신문, 오래된 지도나 잡지 등을 작품 분위기에 맞게 배경으로 활용한다.

스탬프로 배경 만들기

수채화의 튀기기와 번지기 효과를 모방한 스탬프 이미지를 이용하면 수채화로 작업한 듯한 배경지가 만들어진다. 스크립트 배경은 세련된 느낌을 주면서도 글의 내용을 강조한다. 스크립트 배경 스탬프나 메시지 스탬프를 모아서 반복 스탬핑할 수도 있다. 이때 방향이나 컬러에 변화를 주면서 활용해본다. 패턴이 있는 배경 스탬프는 배경 만들기가 더 수월하다. 배경 스탬프에 잉킹하고 가장자리를 불규칙하게 닦아낸 후 스탬핑하면 빈티지 작업에 어울리는 배경지가 만들어진다.

수채화 느낌 배경

스크립트 배경

배경 스탬프로 만든 배경

배경 스탬프로 만든 빈티지 배경

수성 다이 잉크와 디스트레스 옥사이드 잉크패드 등을 다양한 기법으로 활용하면 멋진 색감의 배경지를 만들 수 있다.

■ 잉킹 기법

- 잉크패드를 직접 종이에 문지르거나 블렌딩 툴로 잉크를 문질러 원하는 색감의 종이를 만든다.
- 잉킹한 종이 가장자리에 에징하여 배경에 깊이감을 더한다.
- 스펀지 도버나 점보 도버에 잉크를 묻힌 다음 스펀징하여 도트 무늬의 배경을 만든다.
- 미니 잉크패드의 펠트나 폼의 질감이 나타나도록 종이에 그대로 눌러 찍는다. 섀도 블록을 배경으로 스탬핑할 수 있도록 연한 색 잉크를 사용한다.

잉킹한 배경

잉킹한 종이에 에징한 배경

스펀징한 도트 배경

스탬핑한 섀도 블록 배경

■ 블렌딩 기법

- 여러 색상의 잉크패드로 블렌딩하여 다채로운 색감의 배경지를 만든다.
- 같은 색상의 잉크패드로 명도를 다르게 블렌딩하면 그러데이션 효과가 있는 배경이 만들어진다.
- 옴브레 잉크패드나 3가지 색상의 잉크패드로 나란히 블렌딩하면 옴브레 효과가 있는 배경이 만들어진다.

잉크 블렌딩한 멀티 컬러 배경

잉크 블렌딩한 그러데이션 배경

잉크 블렌딩한 옴브레 배경

■ 잉크의 번짐 효과

잉크패드를 물감처럼 사용하여 번지는 효과를 줄 수 있으며, 종이에 미리 물을 뿌려두거나 스프레이해두면 잉크가 더 자연스럽게 번진다.

- 크래프트시트에 여러 색의 잉크패드를 찍고 스프레이로 뿌리면 색이 자연스레 섞인다. 이때 종이를 덮으면 잉크가 스며들면서 번짐 효과가 나타난다.
- 크래프트시트에 여러 색의 잉크패드를 찍고 스프레이를 뿌려 색이 섞이면 그 위에 투명한 아세테이트지를 덮어 잉크를 묻힌다. 잉크가 묻은 아세테이트지를 종이에 덮어 물감이 스며들도록 한다. 아세테이트지로 원하는 크기와 형태를 조절하면서 수채화같이 자연스러운 번짐이 있는 배경을 만든다.
- 아크릴 블록에 여러 색의 잉크패드를 잉킹하고 스프레이로 뿌려 블렌딩되면 종이에 대고 지그시 누른다. 자연스럽게 번진 물감이 아크릴 블록의 모양대로 스탬핑되어 배경이 만들어진다.

잉크패드로 번짐 효과 주기　　　아세테이트지로 번짐 효과 주기　　　아크릴 블록으로 번짐 효과 주기

가장 큰 매력은 우연적인 효과로 다시는 반복되지 않는 결과를 볼 수 있다는 점이다. 수채화를 위한 채색 도구는 대부분 물의 번짐을 이용하여 맑고 자연스러운 느낌을 낸다. 스탬프 아트에서 활용할 수 있는 기본적인 수채 기법을 살펴본다.

■ 번지기 기법

종이에 스프레이로 물을 뿌리거나 붓으로 물을 발라 종이가 젖은 상태에서 채색하는 것이다. 먼저 칠한 물감이 젖어 있을 때 그 위에 새로운 색을 칠하여 자연스럽게 번지게 한다.

■ 겹쳐 칠하기 기법

마른 종이에 그대로 컬러링하면 물 조절이 쉬워 형태와 색상을 통제하기 좋다. 물감을 칠하고 밑색이 마른 후에 색을 겹쳐 칠하면 투명하고 맑은 느낌이 난다. 히트 툴이나 드라이어로 물감에 젖은 종이를 말리면 건조시간이 단축된다.

■ 닦아내기 기법
이미 칠해진 물감을 문질러 닦아서 독특한 질감을 내는 방법이다. 물감이 너무 진하거나 묽을 때 물기를 뺀 붓이나 티슈로 물과 물감을 흡수하여 수정할 때도 사용한다.

■ 물 자국 만들기 기법
물 자국은 수채화에서 볼 수 있는데 의도적으로 만들기도 한다. 물감을 칠한 후 마르기 전에 물방울을 떨어뜨리면 먼저 칠한 물감이 가장자리로 밀려나 건조되면서 물 자국이 생긴다.

■ 흘리기 기법
물을 충분히 섞은 물감을 붓에 듬뿍 묻혀 종이에 칠하면서 물감이 흘러내린 자국을 남기는 것이다. 종이를 세우고 조금 흔들면 아래로 흐르면서 자연스럽게 물감이 섞인다.

■ 뿌리기 기법
작업한 배경 위에 물감을 흩뿌리면 재미난 효과가 더해진다. 붓이나 칫솔에 물감을 묻혀 튕기거나 간단히 스프레이형 잉크를 뿌려서 표현할 수도 있다.

■ 리지스트 기법
유성 성분의 양초, 색연필, 오일 파스텔로 채색한 다음 수채 재료를 덧칠하거나 블렌딩할 때 나타난다. 히트 엠보싱된 부분이나 아크릴 잉크 대버 등을 칠한 부분에도 동일한 효과를 볼 수 있다.

■ 소금 뿌리기 기법
물감으로 배경을 작업한 후 종이가 마르기 전에 다양한 크기의 소금을 뿌리면 물감에 소금이 녹으면서 눈꽃 결정의 자국을 남겨 독특한 효과를 낼 수 있다. 소금은 물감이 건조되면 털어낸다.

알코올 잉크로 배경 만들기

빨리 마르는 성질과 화려한 색감을 이용하여 독특한 배경지를 만들 수 있다. 주로 글로시한 알코올 잉크지나 광택 있는 사진 인화지를 사용하며 벨룸지나 마커 전용지 등을 사용하기도 한다. 다양한 기법을 함께 활용하면 예기치 못한 멋진 문양을 만들 수 있다.

■ 문지르기 기법
여러 색의 알코올 잉크를 크래프트시트에 뿌린 후 종이를 문지르면서 블렌딩한다.

■ 블렌딩 기법
건조가 빨라서 블렌딩이 어렵지만 알코올 잉크 블렌딩 용액을 이용하면 가능하다. 여러 색의 잉크를 떨어뜨린 알코올 잉크지에 블렌딩 용액을 몇 방울 떨어뜨리면 잉크의 색감이 섞이면서 재미난 문양이 만들어진다. 또한 알코올 잉크로 만든 배경지에서 색감을 빼는 용도로도 사용할 수 있다.

■ 불기 기법
글로시한 종이에 알코올 잉크를 떨어뜨린 후 빨대로 바람을 불면 잉크가 번지면서 화려한 배경이 된다.

문지르기 기법

블렌딩 기법

불기 기법

■ 마블링 기법

작은 대야에 물을 넣고 알코올 잉크를 뿌려 휘젓거나 블렌딩 용액을 떨어뜨린 후 종이를 담가 대리석 무늬 등을 만든다. 물과 기름이 섞이지 않는 원리를 이용한 것으로 고급스러운 무늬를 만들 수 있다.

■ 점묘 기법

알코올 잉크용 펠트가 부착된 블렌딩 툴에 여러 색의 알코올 잉크를 묻힌 후 종이에 찍거나 문지르면 점이 촘촘히 찍힌 배경이 만들어진다.

■ 그러데이션 기법

알코올 잉크용 펠트가 부착된 블렌딩 툴에 알코올 잉크 한 방울과 블렌딩 용액 여러 방울을 떨어뜨린다. 크래프트시트에 잉크가 잘 섞이도록 블렌딩 툴을 문지른 후, 알코올 잉크지의 가장자리에서부터 블렌딩을 시작한다. 펠트에 잉크를 보충하면서 블렌딩 용액의 농도를 조절하여 연한 색에서 점차 진한 색이 되도록 블렌딩한다.

마블링 기법

점묘 기법

그러데이션 기법

믹스드 미디어는 서로 다른 매체나 재료를 혼합하여 만든 예술 작품을 말한다. 아크릴 물감과 보조재(젯소, 젤 미디엄, 텍스처 페이스트 등)를 기본으로 다양한 재료와 기법을 조합한 믹스드 미디어로 배경을 만들어본다.

■ 스탬핑 기법
젯소나 아크릴 물감 등으로 밑작업한 다음 스탬프나 주위의 다양한 모양을 가진 사물(에어캡 등)을 스탬핑하여 시각적인 재미를 더한다.

■ 크랙클 기법
크랙클 페이스트를 바르고 건조한 후, 희석한 아크릴 물감이나 잉크를 바르면 갈라진 틈으로 스며들면서 크랙(Crack)의 형태가 나타난다.

■ 콜라주 기법
종이를 구기거나 접고 찢는 등 변형을 주어 배경 종이에 붙이면 새로운 질감을 만들 수 있다. 다이컷, 사진, 포일, 석고 붕대 등 원하는 형태의 재료를 젤 미디엄으로 부착하여 자연스럽게 배경의 일부가 되도록 한다.

■ 리지스트 기법
수채화에서의 리지스트 기법과 마찬가지로 서로 성질이 달라 반발하여 나타나는 효과다. 작업물 표면에 알코올, 락스, 얼룩제거제를 뿌리거나 떨어뜨려 색감을 빼는 등 다양하게 활용할 수 있다.

■ 샌딩 기법
거칠어진 부분을 사포질하여 매끄럽게 만들거나 샌딩한 아래쪽 표면에 레이어드된 부분이 드러나도록 한다.

■ 스크래치 기법
물감이나 미디엄 등을 바른 후 건조되기 전에 텍스처 툴이나 고무 붓 등으로 미디엄을 긁어내어 질감을 만든다.

스탬핑 기법　　　크랙클 기법　　　콜라주 기법

리지스트 기법　　　샌딩 기법　　　스크래치 기법

가위질

컬러링한 이미지를 자를 때 가위를 사용한다. 스탬프와 세트로 구성된 매칭 다이는 스탬프 이미지를 쉽게 자를 수 있어 간편하지만 경제적 부담이 따른다. 매칭 다이는 가위질이 어려운 복잡한 이미지 위주로 구입하는 것이 좋다.

■ **스탬핑 라인 따라 바짝 자르기**

스탬핑 이미지와 배경이 어우러지게 하려면 여백을 남기지 않고 스탬핑 라인을 따라 바짝 잘라줘야 한다. 이때 스탬핑 라인까지 잘라내지 않도록 조심한다. 스탬프 이미지를 바짝 자른 경우 이미지가 또렷하게 보이도록 검정 마커의 측면으로 종이의 단면을 칠해준다. 부드러운 느낌을 원할 때는 컬러링된 색감과 똑같은 잉크를 블렌딩 툴에 묻혀 에징한다.

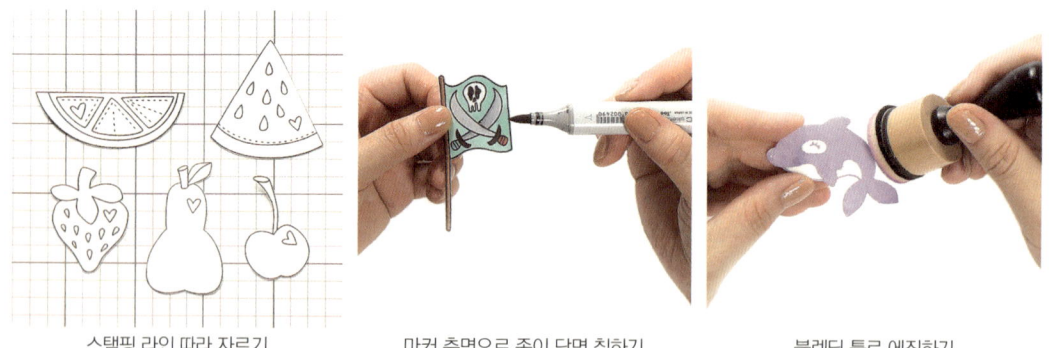

스탬핑 라인 따라 자르기 / 마커 측면으로 종이 단면 칠하기 / 블렌딩 툴로 에징하기

■ **여백 두고 다이 커팅처럼 자르기**

스탬프와 세트인 매칭 다이 커팅처럼 스탬핑 라인 밖으로 여백이 있으면 배경에서 강조하거나 도드라진 느낌을 줄 수 있다. 가위로 자를 때도 여백의 너비를 일정하게 자르는 것이 중요하다. 여백의 폭을 1mm, 2mm, 3mm 등으로 정하고 같은 작품에서 사용할 스탬프 이미지의 여백을 통일한다.

또한 다이 커팅처럼 이미지의 모서리 부분을 살짝 둥글게 자르면 가위질한 것보다 좀 더 세련되고 전문적인 느낌을 줄 수 있다. 평량이 높은 종이일 경우에는 가위를 비스듬히 눕혀 종이를 누르듯이 자르면 다이 컷의 엠보싱된 느낌을 어느 정도는 따라할 수 있다.

가위로 다이 커팅처럼 자르기   매칭 다이로 자르기

■ **마스킹 페이퍼 자르기**

마스킹 페이퍼에 스탬핑한 이미지는 스탬핑 라인이 안 보이도록 바짝 잘라서 마스킹 페이퍼로 겹쳐 스탬핑할 때 이미지와 틈이 생기지 않도록 한다.

■ **빈티지 스탬프 이미지 자르기**

스탬핑 라인보다 1~2mm 정도 여백을 두고 가위질한다. 가장자리를 디스트레스 툴로 긁어 하얀 단면이 나오도록 하거나 긁어둔 가장자리에 갈색 잉크로 에징하여 빈티지한 느낌을 더해준다.

다이 커팅

다이 커팅머신을 돌려 모양을 만드는 다이 템플릿은 스탬프 못지않게 여러 형태로 생산되며 스탬핑 기법과 함께 복합적으로 활용할 수 있다.

■ **다이 템플릿 이용하기**

다이 템플릿의 모양대로 잘라낸 종이를 그대로 사용해도 되지만 다이 템플릿을 이용하여 길이를 조절하거나 다른 모양을 만들어내는 등 변형도 가능하다.

−**부분 다이 커팅하기**: 아크릴 커팅패드로 다이 템플릿을 커팅이 필요한 부분까지만 덮어서 자른 뒤 다시 커팅패드를 옮겨 다이 템플릿의 나머지 부분을 자른다. 다이의 원하는 부분만 자르는 기법을 자유자재로 사용할 수 있게 되면, 길이를 조절하거나 다른 모양의 다이를 연결하여 새로운 형태를 만드는 등 활용범위가 무한정 늘어난다.

다이 템플릿의 모양대로 자르기

다이 커팅 툴로 다이 조각 빼내기

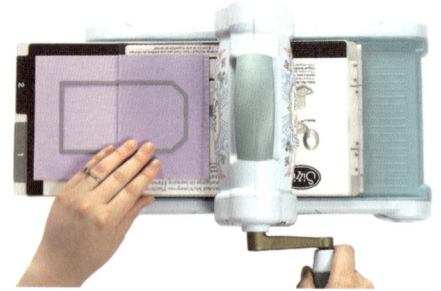

아크릴 커팅패드를 원하는 만큼 덮어 부분 다이 커팅하기

부분 다이 커팅하여 길이 변형하기

－**나머지 다이 컷으로 창 만들기:** 심플한 모양이나 도형 다이 템플릿으로 뚫어낸 나머지(네거티브) 다이 컷을 배경으로 사용한다. 뚫린 모양 안에 스탬프 이미지를 넣어 프레임으로 사용하거나, 뒷면에 창을 만들어 셰이커 기법을 활용할 수 있다.

－**다이 컷과 나머지 다이 컷 활용하기:** 다이 컷과 나머지 다이 컷을 각각 사용하면 2가지 작업을 동시에 할 수 있다. 하나에는 양각인 다이 컷을 쓰고, 다른 하나에는 음각인 나머지 다이 컷을 메인으로 사용하면 된다.

－**다이 컷 반복 사용하기:** 보더 다이나 곡선 다이 등 같은 모양의 다이를 여러 번 커팅하여 옆으로 나란히 붙여서 활용할 수 있다. 그러데이션되도록 컬러링한 다음 나란히 붙이면 리듬감이 생긴다.

다이 컷을 사용한 작업

나머지 다이 컷을 사용한 작업

다이 컷을 반복 사용한 작업

■ **다이 컷 팝업하여 입체감 주기**

－**다이 컷과 나머지 다이 컷 함께 사용하기:** 다이 컷과 나머지 다이 컷을 따로 작업한 후, 다이 모양이 뚫린 배경에 다이 컷을 퍼즐 맞추듯 다시 끼운다(인레이). 폼닷을 붙인 다이 컷을 나머지 다이 컷에 다시 부착하면 팝업 효과가 난다. 배경이 되는 나머지 다이 컷을 팝업하고, 그 아래에 다이 컷을 붙이면 오목하게 들어간 효과를 낼 수 있다.

—폼시트 부착하여 다이 커팅하기: 종이 뒷면에 폼시트를 붙이고 다이 커팅하면 종이와 함께 폼시트까지 잘라진다. 폼시트 뒷면의 종이를 벗겨내고 배경에 부착하면 폼시트의 높이만큼 팝업되면서 입체감이 생긴다. 이때 폼시트가 너무 두꺼우면 자르기 어려우므로 1~2mm 정도의 두께가 적당하며, 섬세한 모양보다는 단순한 모양의 다이 커팅에 적합하다.

■ **다이 컷 레이어드하여 입체감 주기**

네스팅 다이(같은 모양이 크기별로 있는 다이)로 잘라 크기 순서대로 겹쳐 붙여 입체감을 준다. 크기가 같은 다이 컷이라면 층층이 겹쳐 붙여 입체감을 줄 수 있다.

섀도 스탬핑 기법을 응용하여 같은 모양 다이 컷 2개를 겹쳐서 부착하면 그림자 효과가 생긴다. 같은 다이 컷을 여러 개 겹쳐 붙이면 단단한 칩보드가 만들어진다. 이때 흰색의 다이 컷 아래 다른 색상의 다이 컷을 여러 겹 붙이면 옆면에 색상이 보이면서 아웃라인이 강조된다.

크기 순서대로 쌓아 겹치기

나머지 다이 컷으로 쌓아 겹치기

층층이 겹쳐 붙여 입체감 주기

섀도 다이 컷으로 입체감 주기

다이 컷을 겹쳐 붙여 입체감 주기   입체감이 생긴 모습

■ 다이 컷으로 텍스처 더하기

- **특수 종이로 다이 커팅하기**: 글리터지, 메탈지, 포일지, 벨룸지, 우드그레인지 등의 특성이 반영되도록 다이 커팅하면 시각적 재미가 더해진다. 종이를 구겨 구김지처럼 만들어 다이 커팅에 활용해도 된다. 나머지 다이 컷 아래 특수지를 매팅해도 특별한 장식 효과를 낼 수 있다.
- **배경 다이로 질감 더하기**: 색상지에 같은 색감의 배경 다이 컷을 겹쳐 붙이면 엠보싱한 효과가 생기면서 질감과 입체감을 더할 수 있다(엠보싱 기법 참조).

  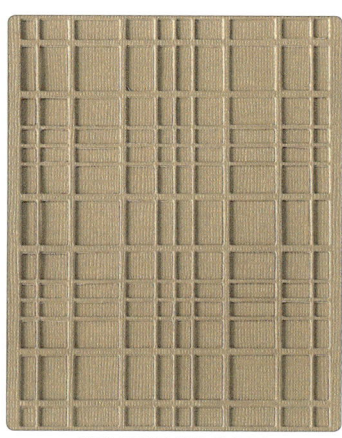

글리터지 매팅하여 텍스처 주기   우드그레인지로 다이 커팅하기   배경 다이로 텍스처 주기

■ 다이 커팅하여 마스킹 템플릿으로 사용하기

다이 컷과 나머지 다이 컷을 둘 다 마스킹 템플릿으로 사용할 수 있다. 마스킹 페이퍼를 다이 커팅하여 사용하거나 아세테이트지를 다이 커팅하여 스텐실 템플릿처럼 만든다(마스킹 기법 참조).

디스트레스

앤티크하면서도 빈티지한 느낌을 줄 수 있는 디스트레스 기법을 살펴본다. 디스트레스 잉크패드는 낡고 오래된 듯한 색감과 효과를 낼 때 유용하다.

■ **디스트레스 툴로 디스트레스하기**

스크래치 도구 또는 디스트레스 툴로 배경지나 콜라주 장식의 가장자리를 긁거나 사포로 문질러 하얀 종이가 나오도록 하여 낡고 오래된 느낌을 준다.

■ **에징하여 디스트레스하기**

디스트레스한 종이를 갈색이나 흰색의 디스트레스 잉크패드로 에징하여 낡고 오래된 느낌을 더한다.

갈색 잉크로 에징하기

흰색 잉크로 에징하기

■ **디스트레스와 잉킹하기**

종이를 구겼다 펴기, 접었다 펴기, 가장자리 찢기, 부분 찢기 등으로 디스트레스한 부분에 잉킹을 하면 빈티지함이 더해진다. 종이를 구기거나 찢을 때 워터 스프레이로 종이를 적신 후에 작업하면 훨씬 수월하다.

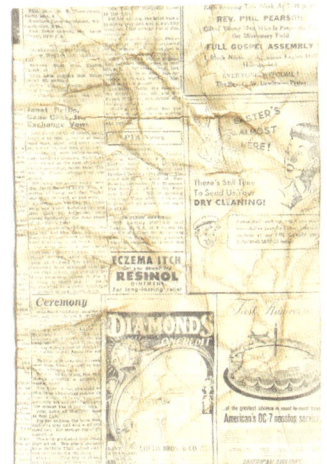
구겼다 편 자국에 잉킹하기

접었다 편 자국에 잉킹하기

찢은 부분에 잉킹하기　　　부분적으로 찢어서 잉킹하기

■ 히트 엠보싱으로 디스트레스하기

빈티지한 배경지의 가장자리에 잉킹 대신 히트 엠보싱을 해도 디스트레스된 느낌을 줄 수 있다. 엠보싱 잉크패드(워터마크 잉크패드)나 엠보싱 대버로 대충 바르고 갈색이나 골드 엠보싱 파우더를 뿌려 히트 엠보싱하면 앤티크하고 고급스러운 느낌을 살릴 수 있다.

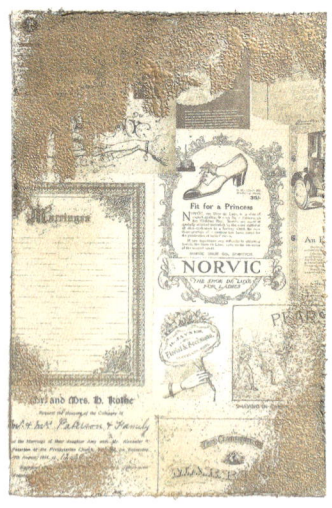

히트 엠보싱으로 디스트레스하기

소소한 TIP

빈티지한 작품은 일반 액자보다는 빈티지한 액자랑 더 잘 어울린다. 액자나 소품을 디스트레스하는 방법은 여러 가지가 있지만 간단히 일반 나무 액자에 진한 아크릴 물감을 칠하고 마른 뒤에 흰색 페인트(젯소, 아크릴 페인트)를 다시 칠해보자. 페인트가 완전히 건조된 다음 사포로 액자의 가장자리를 문지르면 아래쪽 진한 색이 드문드문 드러나면서 낡은 느낌의 액자가 만들어진다.

엠보싱

올록볼록한 엠보싱은 시각적인 재미도 주지만 전문가의 손길이 닿은 듯한 느낌을 주기 때문에 더욱 사랑받는 기법이다. 다양한 엠보싱 방법을 익혀 작품 속에서 활용해보도록 한다.

■ **머신 엠보싱하기**

–**엠보싱매트를 이용하여 머신 엠보싱하기:** 다이 커팅머신으로 엠보싱하기 위해서는 우레탄이나 실리콘 재질의 엠보싱매트가 필요하다. 엠보싱매트에 종이를 대고 그 위에 다이를 얹어서 머신의 손잡이를 돌리면 모양이 잘리지 않고 엠보싱한 자국만 남는다.

네스팅 다이를 종이에 크기 순서대로 놓고 머신 엠보싱하면 질감이 독특해진다. 배경 다이, 섬세한 다이, 텍스처 플레이트, 금속 스텐실 템플릿 등으로 엠보싱매트를 이용하여 머신 엠보싱해도 멋진 배경으로 활용할 수 있다.

네스팅 다이로 머신 엠보싱하기

도일리 다이로 머신 엠보싱하기

머신 엠보싱한 뒤 같은 모양 다이 컷을 부착하여 질감 더하기

–**엠보싱 폴더를 이용하여 머신 엠보싱하기:** 엠보싱 폴더 사이에 종이를 끼우고 다이 커팅머신을 돌리면 폴더의 모양대로 종이가 올록볼록 엠보싱된다. 엠보싱 폴더의 패턴이 음각이나 양각으로 종이에 새

겨지면 엠보싱이나 디보싱 부분 중 원하는 면을 사용한다. 벨룸지나 메탈지 등 특수지로 엠보싱하면 재질 특유의 텍스처와 입체감이 드러난다. 엠보싱 폴더 안쪽 면에 잉크패드로 잉킹하거나 잉크 스프레이를 뿌리면 폴더의 오목한 홈으로 잉크가 스며들면서 컬러풀한 엠보싱 배경이 만들어진다.

엠보싱 폴더로 엠보싱하기 · 벨룸지에 엠보싱 폴더로 엠보싱하기 · 엠보싱 폴더에 색감 더하기

■ **스코어링 보드로 라인 엠보싱하기**

일정한 간격으로 홈이 파였으므로 종이를 얹고 본 폴더로 선을 따라 그으면 앞면은 디보싱되고, 뒷면은 엠보싱된다. 스트라이프나 체크무늬 등을 만들 수 있으며 앞뒤 중 원하는 면을 사용하면 된다.

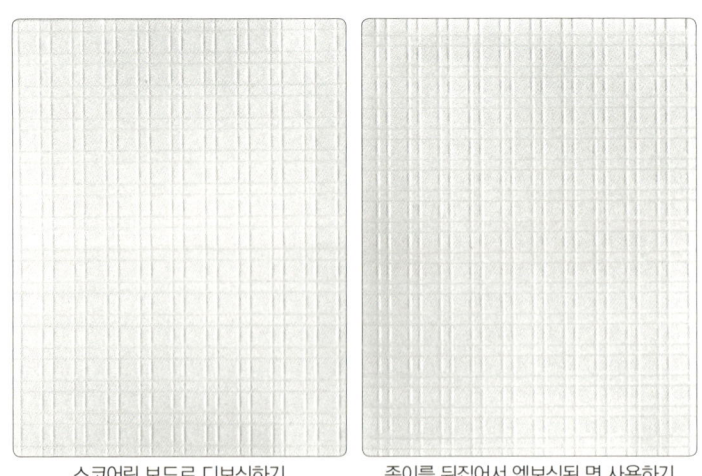

스코어링 보드로 디보싱하기 · 종이를 뒤집어서 엠보싱된 면 사용하기

스코어링 보드로 선을 그을 때는 너무 세게 눌러 종이가 뚫리지 않게 주의하면서 본 폴더가 선을 이탈하지 않도록 천천히 긋는다. 스코어링 보드가 없다면 페이퍼 트리머에 종이를 얹어 가는 엠보싱 툴로 선을 그어도 된다.

■ 히트 엠보싱하기

엠보싱 파우더가 녹으면서 광택이 생겨 우아한 장식 효과가 나타나는 기법으로 작품을 만드는 어느 과정에서나 활용할 수 있다. 파우더의 종류에 따라 질감의 표면이 다르게 만들어지며 입체감이 생긴다. 히트 엠보싱은 방수 성질이 있어 리지스트 기법으로 컬러링할 때도 활용한다.

- 작업대에 크래프트시트를 깔고 이면지를 준비한다.
- 스탬핑할 종이에 정전기 방지용 엠보싱 파우더를 바른다.
- 원하는 스탬프에 엠보싱 잉크(워터마크 잉크)를 묻혀 종이에 스탬핑한다.
- 히트 엠보싱 파우더를 스탬프 이미지에 뿌리고 골고루 묻도록 흔들어준다.
- 종이를 뒤집고 손가락으로 튕겨 여분의 파우더를 이면지에 털어낸다. 종이에 엠보싱 파우더가 남아 있으면 붓이나 칼끝으로 제거한다.
- 히트 툴을 30초 정도 예열한 뒤 한곳에만 열이 집중되지 않게 히트 엠보싱 파우더가 묻어 있는 종이 위로 움직인다. 이때 오버히팅되지 않도록 하며 종이를 집게로 집어 손이 데지 않게 주의한다.
- 색이 변하면서 파우더가 녹으면 입체감이 생기고 광택이 있는 엠보싱 이미지가 완성된다.
- 이면지에 털어낸 엠보싱 파우더는 모아서 작은 병이나 플라스틱 용기에 다시 담아두고, 워터마크 잉크가 묻은 스탬프는 잘 닦아둔다.

– **컬러 히트 엠보싱하기:** 컬러 엠보싱 파우더를 색상별로 갖추지 않았더라도 피그먼트 잉크패드로 스탬핑한 다음 클리어 엠보싱 파우더를 뿌리고 히트 툴로 가열하여 컬러 엠보싱할 수 있다. 다이 잉크나 유성 잉크로 스탬핑한 경우에는 워터마크 잉크를 묻혀 스탬핑한 이미지에 다시 스탬핑하고, 그 위에 글리터나 클리어 엠보싱 파우더를 뿌려서 히트 툴로 가열하면 컬러 히트 엠보싱이 가능하다. 주로 솔리드 스탬프에 적합하다.

피그먼트 잉크로 컬러 히트 엠보싱하기

다이 잉크로 스탬핑하고 그 위에 워터마크 잉크로 스탬핑한 다음 글리터 히트 엠보싱하기

- **섀도 히트 엠보싱하기:** 다이 잉크로 스탬핑한 이미지에 피그먼트 잉크를 묻혀 살짝 비껴서 스탬핑하고 그 위에 컬러 히트 엠보싱하면 그림자가 생기면서 입체적인 장식 효과를 줄 수 있다.
- **반복 히트 엠보싱으로 입체감 높이기:** 히트 엠보싱하고 열기가 식기 전에 다시 엠보싱 파우더를 뿌리고 털어낸 다음 히트 툴로 가열하는 과정을 서너 차례 반복하면 입체 효과가 뚜렷해진다.

또 다른 방법은 히트 엠보싱한 후 열기가 식으면 워터마크 잉크패드를 바르고 히트 툴로 가열하는 과정을 서너 차례 반복하는 것인데, 표면이 더 균일하게 엠보싱된다. 반복 히트 엠보싱 기법은 골드나 실버 엠보싱 파우더로 입체적인 메탈 장식을 만들 때 효과적이다. 도드라지게 입체감을 줄 때는 엠보싱 파우더보다 입자가 굵은 엠보싱 에나멜을 사용한다.

열쇠 모양 다이로 커팅하기   반복 히트 엠보싱하여 입체감 주기

-**히트 엠보싱으로 에징하기:** 종이의 가장자리 부분에 워터마크 잉크패드나 엠보싱 대버로 칠한 다음, 골드 엠보싱 파우더로 히트 엠보싱하면 화려하면서도 빈티지한 느낌을 줄 수 있다.
분홍이나 형광 종이의 가장자리에 블랙 엠보싱 파우더를 녹여 히트 엠보싱하면 발랄하고 자유로운 느낌의 배경이 만들어진다.
-**히트 엠보싱 펜이나 엠보싱 브러시 이용하기:** 가는 엠보싱 펜이나 브러시를 이용하면 손글씨나 손그림도 히트 엠보싱 할 수 있다. 히트 엠보싱이 덜 된 부분을 수정할 때도 사용한다.

형광 종이에 히트 엠보싱으로 블랙 에징하기

● ● ● ● ● 히트 엠보싱 파우더의 활용 ● ● ● ● ●

■ 히트 엠보싱 파우더 믹싱하기

2가지 색상의 엠보싱 파우더를 조금씩 덜어서 원하는 색감이 만들어지면 작은 용기에 담고 흔들어서 잘 섞어준다. 이때 글리터나 엠보싱 에나멜 등을 섞어서 나만의 히트 엠보싱 파우더를 만들 수 있다.

■ **광택 있는 색상지 만들기**

종이에 워터마크 잉크패드를 원하는 넓이만큼 문질러 잉킹하고 그 위에 엠보싱 파우더를 뿌려 히트 툴로 가열하면 엠보싱 파우더와 같은 색감의 광택 있는 색상지가 만들어진다. 원하는 색감의 광택 있는 색상지를 만들거나 금색지나 은색지가 필요할 때 유용하다.

클리어 엠보싱 파우더로 색상지 만들기

컬러 엠보싱 파우더로 색상지 만들기

글리터 엠보싱 파우더로 글리터지 만들기

스텐실링

스텐실 템플릿으로 작업하는 모든 과정을 스텐실링이라고 한다. 잉크 스프레이, 잉크패드, 수채 물감, 믹스드 미디어 등의 재료를 스텐실링에 이용할 수 있다.

■ **금속 스텐실링하기**(드라이 엠보싱)

라이트 박스에 금속 스텐실 템플릿을 올려두고 종이로 덮은 후 엠보싱 봉으로 형태를 따라 그린다.

종이에 왁스 페이퍼를 문지르면 엠보싱 봉이 미끄러지듯 그려진다. 이때 종이가 뚫리지 않도록 주의한다. 엠보싱된 부분을 샌딩 블록으로 문질러주면 엠보싱이 더욱 도드라진다.

■ 잉크 스텐실링하기

배경 작업으로 만들어둔 종이에 템플릿을 대고 스펀징하거나 블렌딩 툴로 잉크를 문지르면 템플릿 아래로 잉크가 묻어나면서 템플릿의 모양대로 스텐실링된다.

- 패턴 이용하기: 스텐실 템플릿의 모양이나 패턴을 펜으로 따라 그려서 배경 등 작업에 활용한다.
- 잉크 스텐실링하기: 잉크를 묻힌 스펀지 도버로 스펀징하거나 블렌딩하면 스텐실 템플릿의 패턴 모양이 그대로 나타난다.
- 멀티 컬러 스텐실링하기: 여러 색의 잉크로 스펀징하면 템플릿의 모양이 다채롭게 스텐실링된다.
- 그러데이션 스텐실링하기: 스펀지 도버나 블렌딩 툴에 잉크를 듬뿍 묻혀 한쪽 끝부분부터 스펀징하거나 잉킹하면 잉크가 점점 흐려지면서 그러데이션된다.

스텐실 템플릿 따라 펜으로 패턴 그리기

잉크 스텐실링

멀티 컬러 스텐실링

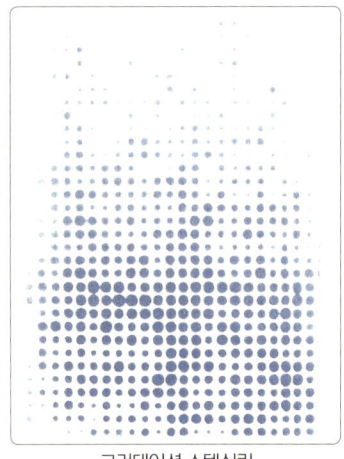

그러데이션 스텐실링

- **옴브레 스텐실링하기:** 3가지 색상의 잉크패드를 이용하여 색상의 변화가 생기도록 스펀징하거나 블렌딩 툴로 문지른다.
- **레이어드 스텐실링하기:** 스텐실링한 후에 다시 템플릿을 겹쳐서 스펀징하거나 블렌딩해도 멋진 배경을 만들 수 있다. 레이어링 스텐실 템플릿을 이용해도 좋고, 가지고 있는 스텐실 템플릿을 조화롭게 겹쳐서 스텐실링해도 된다.
- **섀도 스텐실링하기:** 섀도 스탬핑이나 섀도 히트 엠보싱 기법과 마찬가지로 스텐실링한 후 스텐실 템플릿을 조금 옆으로 비껴놓고 다시 스텐실링하여 그림자 효과를 줄 수 있다.

옴브레 스텐실링   레이어드 스텐실링   섀도 스텐실링

- **잉크 스프레이 스텐실링하기:** 템플릿에 잉크 스프레이를 뿌리면 템플릿의 패턴이나 모양대로 쉽게 배경을 만들 수 있다. 여러 색의 스프레이를 겹쳐서 뿌리면 블렌딩 효과가 자연스럽게 나타난다. 이때 먼저 뿌린 잉크 스프레이가 마른 후 다른 색을 뿌리면 색상의 레이어드를 볼 수 있고, 덜 마른 상태에서 다른 색상의 잉크 스프레이를 뿌리면 번짐 효과를 볼 수 있다.

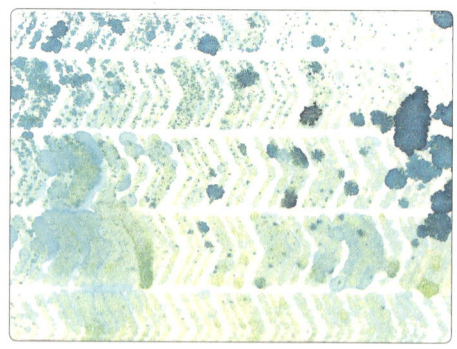

잉크 스프레이 스텐실링

-반전 스텐실링하기: 스텐실 템플릿을 대고 종이에 잉크 스텐실링하는 대신 스텐실 템플릿에 직접 잉킹하거나 물감을 묻힌 후, 템플릿을 종이에 대고 지그시 누르면 템플릿의 음각 패턴이 스탬핑 된다.

잉크 스텐실링과 반전 스텐실링 비교

■ 엠보싱 스텐실링하기(스텐실 텍스처 작업)

스텐실 템플릿을 대고 잉크나 스프레이가 아닌 페이스트 등 텍스처가 있는 재료를 바르면 엠보싱된 패턴이 나타난다. 믹스드 미디어의 배경 작업에 주로 사용하며 입체감과 질감을 더하는 효과를 준다.

-페이스트로 스텐실링하기: 페이스트를 나이프로 떠서 스텐실 템플릿에 펴 바르고 남은 페이스트는 다시 병에 담아둔다. 템플릿을 떼어낸 후 패턴의 모양대로 엠보싱된 미디엄이 마르면 다양한 방법으로 질감을 더할 수 있다.

-히트 엠보싱으로 스텐실링하기: 배경을 작업해둔 종이에 정전기 방지 파우더를 바른 후, 스텐실 템플릿을 대고 엠보싱 대버로 스펀징하거나 블렌딩 툴에 엠보싱 잉크를 묻혀 블렌딩한다. 템플

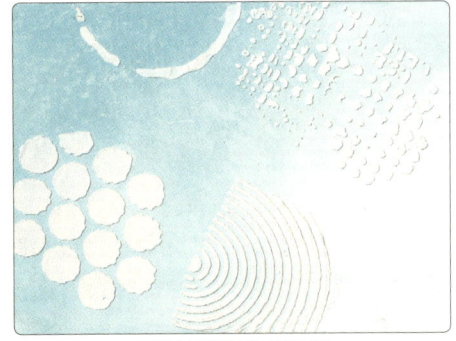

페이스트 엠보싱 스텐실링

릿을 치운 다음 엠보싱 파우더를 뿌리고 히트 툴로 가열하여 히트 엠보싱하면 템플릿의 패턴대로 광택과 입체감이 더해진다.

−**스텐실링에 글리터 더하기:** 배경 종이에 템플릿을 대고 접착력이 있는 겔 미디엄을 바른 후 템플릿을 치운다. 겔 미디엄이 마르기 전에 글리터를 뿌리면 엠보싱된 미디엄이 반짝인다.

또 다른 방법으로는 엠보싱 페이스트가 마르면 다시 템플릿을 대고 접착제를 바른 후 글리터를 뿌린다. 종이를 덮고 지그시 눌러 글리터를 부착한 다음 종이와 템플릿을 떼어낸다.

히트 엠보싱 스텐실링

글리터 엠보싱 스텐실링

작업 계획하기

스탬프 이미지에 컬러를 입히고 다양한 기법으로 배경을 만들어보았다면, 이제는 작업을 시작할 때다. 작품을 계획하고 구상하는 과정에서 고려해야 할 것들을 먼저 살펴보자.

아이디어 찾기

아이디어가 떠오르지 않을 때는 Pinterest, Youtube 등에서 작품을 구경하는 것도 좋은 해결책이다. 열정과 의지만 있다면 창의성도 얼마든지 키울 수 있다. 내가 가지고 있는 스탬프로 어떤 작품을 만들지 마음을 열어두고 생활하다 보면 커피숍에서, 헤어숍에서 문득 근사한 아이디어가 떠오를 것이다.

로드숍 윈도에서 본 장식

스탬프 아트로 표현해본 작품

작품 구상하기

■ **콘셉트 정하기**

작업의 용도와 목적을 미리 정해두는 것이 좋다. 선물을 하려면 내가 좋아하는 것보다 받는 사람의 나이와 취향을 고려하고, 장식용 소품을 만든다면 소품이 놓일 장소를 생각해본다. 작품의 분위기도 대상과 상황에 맞게 미리 계획한다.

예를 들면 파스텔 톤의 부드러운 느낌, 핑크 톤의 소녀스러운 느낌, 레이스와 플로럴의 쉬비한 느낌, 형광 톤의 밝고 펑키한 느낌, 원색의 밝고 선명한 느낌, 채도가 낮은 색의 세련된 느낌, 흑백 모노톤의 시크한 느낌, 내추럴 톤의 따스하고 안정된 느낌, 빈티지하고 올드한 느낌, 앤티크하고 고급스러운 느낌 등으로 콘셉트를 정한다.

■ **스케치 노트 사용하기**

작업 목표가 무엇인지 결정하고, 작품 크기를 정하고, 스케치 노트에 구상한 작품을 그림으로 그려본다. 처음엔 대략적으로 스케치하고 점차 아이디어를 발전시켜 구체적인 부분을 채워 나간다.

■ **황금비율 고려하기**

안정감을 주고 아름다움을 느끼는 1:1.618(5:8) 비율로 작품을 구상하면 실패할 확률이 줄어든다. 배경 작업에서 하늘과 땅을 황금비율로 분할하여 작업해보면 안정감이 느껴진다.

■ **삼각 구도 활용하기**

메인 이미지 외에 장식용으로 스탬핑하거나 장식 재료를 부착할 때 삼각형으로 배열하면 균형감 있는 구도가 나온다.

■ **휴대전화 카메라로 찍어두기**

스케치 노트에 레이아웃을 그려보는 대신 스탬프나 다이 컷 등 실물을 종이에 놓아보며 작품을 구상할 수도 있다. 구성한 실물의 레이아웃을 휴대전화 카메라로 찍어두면 작업할 때 편리하다.

■ **주방에서 사용하는 랩 활용하기**

콜라주처럼 모아서 장식할 경우에 구상 시 배열한 대로 배경에 부착하기 위해 약한 끈적임이 있는 랩(Grad Press'n Seal)을 활용한다. 랩이 없다면 폭이 넓은 마스킹테이프를 이용해도 된다.
- 종이에 꽃 스탬핑 이미지나 다이 컷을 꽃다발 모양으로 배열해둔다.
- 끈적임이 있는 랩으로 배열해둔 장식을 덮고 손바닥으로 눌러 고정한다.
- 랩을 뒤집어 임시로 고정한 꽃다발의 뒷면에 접착제를 바른다.
- 준비된 배경 종이에 한꺼번에 꽃다발을 붙여서 고정한다.
- 랩을 천천히 떼어낸다. 이때 떨어진 꽃과 잎사귀는 접착제나 폼닷으로 꽃다발 위에 다시 고정한다.

어떤 작품을 보면 기분이 상쾌해지고, 어떤 작품을 보면 차분해지는 것은 다름 아닌 색감이 주는 이미지 때문이다. 아무리 채색하는 스킬이 뛰어나더라도 색채의 구성이 조화롭지 않다면 사람들의 마음을 끌 수 없다. 색에 대한 기본적인 이해를 바탕으로 색채를 계획한다면 한층 더 매력적인 작품을 만들 수 있다.

■ **색의 3요소**

색상, 명도, 채도다. 색상은 색의 성질을 나타내며 색이름으로 표현된다. 명도는 색의 밝고 어두운 정도로, 명도가 높다는 것은 색이 밝다는 뜻이다. 채도는 색의 맑고 탁한 정도로, 채도가 높다는 것은 색이 맑다는 뜻이다. 같은 빨간색이라도 명도에 변화를 주면 율동감이 생기며 색감이 풍부해진다. 서로 충돌하는 보색의 경우라도 한쪽의 채도를 낮추면 어울림이 좋아진다.

■ **색상환표 이해하기**

색상을 단계적으로 나타낸 색상환표를 이해하면 색을 효과적으로 사용할 수 있다. 서로 비슷한 곳에 위치한 색상을 유사색, 반대쪽에 위치한 색을 보색이라고 한다. 유사색이 많으면 편안하고, 보색끼리는 대립하는 느낌이다.

색상환표로 어울리는 색감 찾기

■ 난색과 한색의 차이 알기

난색(웜톤)은 난색끼리, 한색(쿨톤)은 한색끼리의 어울림이 편안하지만 조화와 대비를 위하여 난색과 한색을 혼용할 때는 적절한 비율(7~8:2~3)로 사용해야 한다. 난색은 앞쪽으로 돌출되고, 한색은 뒤쪽으로 멀어져 보이는 시각적 효과를 고려하면 원근감도 표현할 수 있다.

■ 주조와 포인트 색상 정하기

전체적인 색감이 되는 주조색은 70~80%, 포인트색은 20~30%로 사용하는 것이 좋다. 색상을 정할 때는 색상환표를 이용하거나 함께 사용할 패턴지의 색감을 활용하거나 주변 사물들의 컬러를 참고한다.

■ 전체 색상에서 통일감 주기

색상이 산만하거나 어울림이 좋지 않을 때는 같은 톤의 색채를 더하면 통일감이 생기면서 시각적으로 편안해진다. 수채화에서는 회색이나 갈색으로 그림자 효과를 주고, 코픽 마커 컬러링에서는 전체 스탬프 이미지에 회색 톤 마커로 살짝 덧칠해주는 방법을 활용한다. 유성 색연필 컬러링에서도 그림자 부분에 통일된 색감(회색이나 회갈색 등)을 더하여 전체적인 톤을 맞출 수 있다.

■ 사용하는 색상 제한하기

한 작품 안에서 사용하는 색상은 3~4가지 정도면 충분하다. 유사색에서 진한 색상과 연한 색상을 선택하고 색상환표의 반대편 색상에서 색을 하나 더하면 무난한 조합을 이룰 수 있다. 여기에 1~2가지 색상을 추가하려면 중간색의 채도를 낮추어 포함하거나 회색을 더하면 산만하지 않고 균형을 이룬다.

■ 빛의 방향 고려하기

같은 공간에 있는 이미지는 같은 방향으로 빛을 받으므로 그림자 방향이 들쑥날쑥하지 않도록 일정한 방향으로 음영을 채색한다.

■ 색채에 관한 책 참고하기

어울리는 색감을 찾기 어렵다면 채색과 배색에 관한 책을 찾아본다. 디자인 서적이나 잡지에서 전문가가 작업한 아름다운 색감의 작품을 참고할 수도 있다. 종이나 페인트 회사의 샘플북도 도움이 된다.

작업하기

스탬프 이미지와 배경이 평면으로 이루어진 원 레이어드 작업과 콜라주처럼 입체감이 있는 멀티 레이어드 작업을 살펴보고 각각의 효과적인 표현 방법을 알아보자.

원 레이어드 작업

평면 작업에서 입체감을 표현하기 위해 주로 사용하는 마스킹 기법의 다양한 활용 방법을 알아본다.

■ **마스킹 기법**

원치 않는 부분을 가리고 작업하는 것을 의미하며, 평면에서 원근감을 나타낼 때 유용하다. 마스킹 액과 마스킹 페이퍼뿐만 아니라 포스트잇, 스텐실 템플릿, 다이 커팅하여 모양을 뚫어낸 종이와 아세테이트지 등도 마스킹 기법에 활용할 수 있다. 다만 물 흐르듯 자연스러운 표현이 강점인 수채화에서는 이미지와 배경의 경계가 경직될 수 있기에 과하게 사용하지 않는다.

- **이미지와 이미지 겹치기:** 앞쪽 이미지부터 스탬핑하고 마스킹한 다음 뒤편의 이미지를 스탬핑한다.
  - 배경 종이와 마스킹 페이퍼에 똑같은 이미지를 각각 스탬핑한다.
  - 마스킹 페이퍼에 스탬핑한 이미지를 스탬핑 라인에 꼭 맞추거나 라인 안쪽으로 자른다.
  - 배경 종이에 스탬핑한 이미지에 마스킹 페이퍼를 부착한 후, 그 위로 겹쳐서 또 다른 이미지를 스탬핑한다.
  - 앞쪽에서 시작하여 뒤쪽으로 마스킹하고 스탬핑하여 원하는 그림을 완성한다.

맨 앞의 이미지 스탬핑하기

맨 앞의 이미지 마스킹하기

첫째 이미지에 겹쳐서 스탬핑하기

둘째 이미지 마스킹하기

셋째 이미지를 마스킹 페이퍼에 겹쳐서 스탬핑하기

마스킹 페이퍼를 모두 떼어내기

- **이미지와 배경 사이에 경계 만들기:** 스탬핑한 이미지가 채색되지 않도록 마스킹한 후 배경을 블렌딩 툴로 잉킹하거나 수채 작업한다. 마스킹 페이퍼를 떼어낸 후 이미지를 그대로 두면 스탬핑한 이미지가 흰색으로 남아 있어 색다른 느낌을 준다.

스탬핑하기

마스킹하기

마스킹 페이퍼 위로 잉크 블렌딩하기

마스킹 페이퍼 떼어내기

- **배경과 배경 사이에 경계 만들기:** 보더 다이 컷과 나머지 다이 컷을 마스킹 페이퍼로 활용하면 위와 아래의 경계를 쉽게 만들 수 있다. 예를 들면 마스킹 페이퍼를 언덕 모양의 곡선 보더 다이로 커팅하여 배경의 아랫부분을 가리고 먼저 윗부분을 블렌딩한다. 나머지 다이 컷으로는 윗부분(하늘)을 마스킹해두고 아랫부분(땅이나 바다)을 블렌딩하면 경계가 깔끔하게 완성된다.
- **잉킹한 종이에 스탬핑하고 마스킹한 후 배경 스탬핑하기:** 잉킹한 종이나 패턴지를 배경으로 사용하기 때문에 마스킹한 부분이 흰색으로 남지 않고 잉킹한 색상이나 패턴지의 색감으로 보이게 된다.

마스킹 기법으로 배경의 경계 만들기

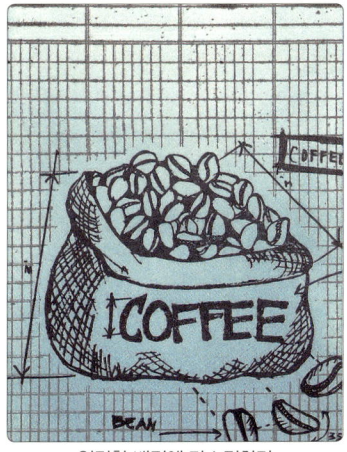
잉킹한 배경에 마스킹하기

–반전 마스킹하기: 보통은 이미지를 마스킹 페이퍼로 가리고 배경을 작업하지만, 반대로 이미지를 컬러링하기 위해 배경을 마스킹할 수도 있다. 이때 스탬핑한 이미지 모양대로 뚫어낸 마스킹 페이퍼를 사용하거나 나머지 다이 컷을 이용하여 배경을 마스킹한다. 마스킹 페이퍼 아래 이미지에 블렌딩하면 부드러운 느낌으로 색감이 입혀진다.

나머지 다이 컷으로 배경 마스킹하기

반전 마스킹하여 블렌딩으로 색감 입히기

-**매칭 다이 컷으로 마스킹하기:** 스탬프와 세트인 매칭 다이 컷을 마스킹에 사용하면 스탬프 이미지와 배경 사이에 흰색의 라인이 남아 이미지를 강조하는 효과를 낼 수 있다.

매칭 다이 컷으로 스탬프 이미지 마스킹하기   배경 블렌딩 후에 마스킹 페이퍼 떼어내기

■ 스탬핑으로 음영 주기

원 레이어드 작업에서 입체감을 주기 위해 스탬핑에 음영을 줄 수 있다. 스탬프의 하이라이트 부분에는 밝은 색감으로, 그림자 부분에는 진한 색감으로 스탬핑하여 스탬프 이미지에 음영을 준다.

스탬핑 툴(스탬프 포지셔너/MISTI)이 있으면 1가지 색 잉크패드로도 가능하다. 먼저 밝은색 잉크를 묻혀서 스탬핑하고 그림자 효과를 주고 싶은 부분에 잉크를 묻혀 두 번 반복하면 진하게 음영이 표현된다(투톤 스탬핑 기법 참조).

■ 원근법 활용하기

앞부분의 이미지는 크고 선명하게, 뒷부분은 작고 흐리게 표현한다. 하늘이나 바다 물결 등의 배경을 그러데이션 기법으로 표현하는 것도 좋은 방법이다. 멀리 있는 수평선이나 지평선을 밝게 처리하면 공간의 깊이감이 더해진다.

평면적인 배경에 원근감을 표현하고 싶다면 가장 거리가 먼 곳에 흰색 피그먼트 잉크로 블렌딩하거나 스펀징한다. 색감이 흐려지면서 채도가 낮아져 원경이 표현된다.

그러데이션 기법으로 원근감 표현하기 | 평면적인 배경 | 지평선 부분에 채도를 낮춰서 원근감 표현하기

소소한 TIP

믹스드 미디어 작업에서 사용하거나 자주 활용하는 스탬핑 이미지라면 마스크용 시트나 얇은 아세테이트지에 유성 잉크로 스탬핑하고 가위로 잘라 마스크로 만들어둔다. 여러 종류의 보더 다이 세트(구름, 언덕, 물결 등)를 이용하여 아세테이트지나 사무용 OPP 필름 등으로 마스크를 만들어두면 원 레이어드 작업 시 배경을 표현할 때 유용하다.

평면 작업에서는 스탬핑 이미지를 배경에 직접 스탬핑하여 작업하지만, 멀티 레이어드 작업에서는 스탬핑 이미지를 잘라 팝업하여 사용한다. 콜라주 기법을 활용하거나 다양한 접착 폼으로 3D 효과를 줄 수 있다.

■ 폼으로 입체감 주기

- **폼닷 이용하기:** 작은 스탬핑 이미지를 팝업할 때 주로 사용하며, 이미지 뒷면에 붙인 후 배경에 부착하면 돌출되어 그림자가 생기면서 입체감을 표현할 수 있다.
- **폼테이프나 폼시트 이용하기:** 폼테이프를 좁은 곳에 부착할 때는 가위로 가늘게 잘라서 사용하며, 입체감과 원근감을 심화할 때는 2~3겹 겹쳐서 사용한다. 폼시트는 이미지 모양대로 잘라서 사용하거나 넓은 곳에 사용하기 편리하다.
- **폼의 높이 조절로 원근감 표현하기:** 스탬프 이미지가 많은 작업에서 활용할 수 있는 방법이다. 메인이 되는 이미지는 폼의 높이를 조절하여 앞쪽으로 돌출되도록 부착하고, 원경의 이미지는 낮게 부착한다.
- **크래프트 폼 이용하기:** 폼 접착제보다 저렴한 크래프트 폼(EVA 폼)으로도 입체감을 줄 수 있다. 크래프트 폼 앞뒤로 양면테이프를 붙여서 사용하며, 넓은 면적의 카드지에 매팅할 때 균일하게 팝업 효과를 줄 수 있다.

■ 원근법 활용하기

배경에 스탬핑한 여러 이미지를 레이어드할 때는 폼의 높이뿐만 아니라 원근법도 고려해야 입체감을 효과적으로 표현할 수 있다. 스탬핑 이미지의 크기가 큰 것은 앞쪽으로, 작은 것은 뒤쪽으로 배치하고 가까운 곳은 진한 색감을, 멀어질수록 채도가 낮은 색을 사용하면서 공간의 깊이감을 조절한다.

■ 콜라주 작업하기

- **빈티지 콜라주하기:** 믹스드 미디어 기법을 레이어드한 배경에 빈티지 스탬프 이미지, 각종 다이 컷, 메탈, 레진 등을 콜라주하여 작업하면 다양한 질감과 입체감이 돋보이는 빈티지 작품이 만들어진다.

- **콜라주로 입체 작업하기:** 태그, 라벨, 프레임 등의 다이 컷을 레이어드하여 작업한 배경에 스탬핑 이미지와 각종 장식을 콜라주하면 자연스럽게 입체감을 나타낼 수 있다.

■ 그 밖의 기법으로 입체감 주기

- **섀도 기법으로 입체감 주기:** 같은 이미지나 다이 컷 2개를 살짝 비껴서 겹쳐두면 그림자처럼 보이면서 명암의 차이를 표현할 수 있다.
- **컬러링으로 입체감 주기:** 스탬핑 이미지를 컬러링할 때 빛의 방향을 고려한다. 하이라이트를 강조하거나 명암의 대비가 클수록 입체감이 돋보인다.
- **반복 히트 엠보싱으로 입체감 주기:** 같은 이미지에 히트 엠보싱을 여러 번 반복하면 볼륨감이 점점 더해지면서 입체감이 또렷해진다.

소소한 TIP

작업 중에 작은 스탬프 조각이나 다이들을 찾느라고 시간을 허비하고, 심지어 분실하기도 한다. 책상 위에 같은 크기의 트레이를 여러 개 준비하여 작업 시 사용하는 스탬프나 도구를 임시로 놓아두면 편리하다. 다이 트레이에는 고무자석판을 깔아 작은 다이들의 분실을 방지한다.

장식하기

작품의 완성을 앞두고 반짝이는 젬스톤과 스팽글 등으로 꾸미는 과정도 큰 즐거움이다. 정성껏 만든 작품이 더 돋보이도록 예쁜 장식을 적재적소에 사용하여 세련되게 마무리해보자.

글리터 장식

블링블링한 글리터 장식은 사랑스럽고 귀여운 이미지를 더욱 강조한다.

■ **글리터 브러시로 덧칠하기**

클리어 글리터 브러시(Zig Wink of Stella Brush)는 손쉽게 반짝임을 줄 수 있는 편리한 도구다. 컬러링해둔 이미지 중 강조하고 싶은 부분에 꼼꼼히 칠하거나 빛의 방향을 따라 하이라이트 부분에 스치듯 칠해준다.

■ **글리터 파우더 뿌리기**

글리터는 가루가 날려 작업이 좀 번잡하지만 반짝이는 효과는 크다. 양면테이프, 글루 파우더, 글루 잉크패드 등으로 글리터 파우더를 부착하고 표면에 픽사티브(정착액)를 뿌려 글리터 파우더가 떨어지지 않게 고정한다. 스탬핑한 라인을 따라 반짝임을 주고 싶다면 엠보싱 잉크패드로 스탬핑하고 글루 파우더를 뿌려 히트 툴로 녹인 후 그 위에 글리터를 뿌리고 털어낸다. 다이 커팅한 부분에 반짝임을 주려면 종이 앞면에 양면테이프를 붙여서 커팅하면 편리하다. 다이 커팅과 함께 잘려진 테이프 겉면을 떼어내고 그 위에 글리터를 뿌린 다음 본 폴더를 이용하여 꼭꼭 눌러주면 글리터 파우더가 떨어지지 않고 고정된다. 나머지 글리터는 털어내어 다시 병에 담아둔다.

■ 글리터 특수지 이용하기
글리터를 뿌리거나 글리터 효과를 내어 만든 글리터지를 다이 커팅이나 장식에 이용하면 간편하게 반짝임을 더할 수 있다.

■ 글리터 글루 바르기
글루에 글리터를 섞어 만든 글리터 글루는 흔히 말하는 반짝이 풀과 비슷하다. 반짝임을 주고 싶은 부분에 바른 뒤 말린다.

■ 화이트 젤 펜으로 그리기
컬러링한 이미지 중 빛이 닿는 부분에 화이트 젤 펜으로 하이라이트 부분을 그려넣는다.

■ 심머(Shimmer) 스프레이 뿌리기
펄과 글리터가 녹아 있는 잉크 스프레이를 뿌려 고급스러운 반짝임을 더해준다.

■ 퍼펙 펄 바르기
어두운 배경에 특히 효과적이다. 엠보싱 잉크패드를 이용하여 스탬핑한 뒤 퍼펙 펄을 붓으로 바르고 털어내면 펄감이 아름다운 이미지가 나타난다.

글리터지를 다이 커팅하여 장식하기

퍼펙 펄로 반짝임 주기

메탈릭 장식

사랑스러운 느낌을 더해주는 글리터 장식과는 다르게 메탈릭 장식은 좀 더 세련되거나 도회적인 느낌을 준다.

■ 메탈릭 특수지 이용하기
메탈지로 알파벳이나 꽃 모양 등을 자르거나 다이 커팅하여 장식으로 사용한다.

■ 포일지로 장식하기
포일용 접착제나 양면테이프 등으로 원하는 모양이나 글에 접착력을 준 다음, 그 위에 포일지를 대고 종이를 접어 감싸고 압력을 가하면(다이 커팅머신이나 코팅머신에 넣고 돌리면) 포일이 묻어나면서 메탈릭한 질감이 나타난다. 포일테이프, 메탈릭테이프, 스팽글 리본 등으로도 대체할 수 있다.

■ 금박/은박 가루 사용하기
양면테이프, 접착 엠보싱 파우더 등으로 원하는 모양이나 패턴에 접착력을 준 후 금박 또는 은박 가루를 뿌리고 손으로 문질러 메탈릭한 효과를 더한다.

은박 가루를 손으로 문질러 장식하기

■ 메탈 장식 변형하기
메탈 참, 메탈 프레임, 브래드, 아일릿 등 메탈 장식을 그대로 사용해도 좋지만 작품에 어울리게 변형할 수도 있다. 메탈 장식에 알코올 잉크를 떨어뜨려 색감을 입히거나 아크릴 물감을 바른 후 티슈페이퍼로 드문드문 닦아내면 빈티지해진다. 또는 메탈 장식에 워터마크 잉크를 바르고 히트 엠보싱하면 엠보싱 파우더에 따라 반짝이거나 부식되어 녹슨 효과를 낼 수 있다. 메탈릭한 아크릴 물감이나 잉크(금색이나 은색 등)를 붓으로 발라줘도 좋다.

○ 리퀴드
  글루 장식

광택이 있으며 3D 효과를 내는 장식으로 사용한다. 한번 구입하면 오래 쓸 수 있고 기존의 젬스톤, 에나멜 닷, 반진주 등의 장식을 대체할 수 있다.

■ 글로시 악센트로 장식하기

투명한 유리 효과를 줄 수 있으므로 시계 이미지나 창문 등에 글로시 악센트를 발라준다. 메시지 다이 컷 위에도 글로시 악센트를 발라주면 젤 스티커처럼 볼륨과 광택이 생긴다. 크랙클 악센트는 투명한 광택이 균열하면서 건조되므로 빈티지한 효과를 줄 때 사용한다.

■ 피코로 장식하기

투명한 피코는 글로시 악센트보다 묽어서 넓은 부분에 장식하기 적당하고, 흰색 피코는 길고 가는 팁으로 가짜 스티치를 그릴 때 편리하다.

■ 누보 드롭스로 장식하기

크리스털, 에나멜 닷, 주얼 등의 효과를 낼 수 있고, 페인트 물감처럼 장식 소품에 색감을 입히는 용도로도 사용할 수 있다. 배경에 직접 짜서 장식하거나 아세테이트지나 매끄러운 종이에 다양한 크기의 원으로 짜두어 완전히 건조한 다음 필요할 때마다 장식으로 사용한다.

■ 리퀴드 펄로 장식하기

은은하게 펄 광택이 나서 반진주 장식을 대신할 수 있다. 또한 배경이나 이미지 가장자리에 조금씩 짜서 라인을 만들기도 한다.

■ 에나멜 악센트로 장식하기

검은색 에나멜 악센트를 많이 사용하는데 동물의 작은 눈알, 자동차 바퀴 휠 등에 바르면 광택이 생긴다.

다양한 소재로 장식

전체적인 색감을 고려하여 작품이 돋보이면서도 시각적인 즐거움을 줄 수 있도록 여러 소재를 다양하게 활용하여 장식할 수 있다.

■ 작은 반원형의 장식들

뒷면에 글루가 있는 경우는 칼끝으로 하나씩 떼어내서 원하는 곳에 붙인다. 뒷면에 글루가 없는 스팽클의 경우에는 장식을 붙일 위치에 글루(Ranger Multi Medium Matte)를 짜두고 그 위에 붙이면 된다. 이때 끈적임이 있는 픽업 도구(Crystal Ninja Mixed Media Pick Up/Quickstik Craft Tool)로 집으면 편리하다.

원하는 색의 장식이 없을 경우 투명한 크리스털이나 흰색의 반진주 등에 원하는 색상의 마커를 칠하거나 컬러 히트 엠보싱하여 사용할 수 있다.

픽업 도구를 이용하여 크리스털 부착하기

■ 우드베니어로 장식하기

얇은 나무판을 커팅하여 만든 작은 장식이다. 따뜻한 질감이 있어 자연스러운 작업과 잘 어울리지만 메탈 장식처럼 다양한 기법으로 변형할 수 있다. 코픽 마커로 칠하여 원하는 색감을 입히거나 히트 엠보싱으로 광택과 입체감을 더하거나 우드 집게에 와시테이프를 붙여 장식할 수도 있다.

우드베니어에 색 입히기

우드베니어에 히트 엠보싱하기

우드 집게에 와시테이프를 붙여 장식하기

■ 끈과 리본으로 장식하기

작품과 어울리는 색상의 끈과 리본을 함께 사용하면 질감과 색감이 더해져 멋진 장식이 될 수 있다. 리본의 가운데를 홈질로 바느질하고 잡아당기면 주름 리본이 만들어지고, 가장자리를 홈질하고 잡아당겨서 묶으면 블로섬이 만들어진다.

■ 와시테이프로 장식하기

색감과 패턴, 너비가 다양하여 배경이나 포장 장식 등에 활용한다. 와시테이프를 종이에 모아서 붙이면 패턴지처럼 만들어지므로 배경으로 사용하거나 장식으로 활용할 수 있다.

■ 블로섬으로 장식하기

잘못 사용하면 촌스러워지므로 전체적인 조화를 고려하여 장식한다. 다이나 펀치로 꽃잎과 잎사귀 모양을 잘라서 직접 만들어 사용할 수 있다. 다양한 모양의 블로섬을 색상과 크기를 달리해서 한데 모아 꽃다발처럼 만들어도 예쁜 장식이 된다. 상품화된 블로섬에 같은 색감을 에징하여 사용하면 깊이감과 사실감이 더해진다.

■ **벨룸지로 장식하기**

반투명한 성질을 이용하거나 고급스러운 장식을 원할 때 유용하다. 작은 벨룸 봉투나 벨룸 태그를 만들어 장식한다.

- **엠보싱하기:** 화이트나 실버 엠보싱 파우더로 히트 엠보싱하여 메시지 등을 장식하면 우아하면서도 세련된 이미지를 준다. 꽃 이미지를 스탬핑하여 화이트 히트 엠보싱으로 블로섬을 만들면 웨딩 카드 등과 잘 어울리고, 엠보싱 폴더를 이용하여 머신 엠보싱하거나 드라이 엠보싱하면 고급스러움이 더해진다.
- **레이어링하기:** 화려한 색감 위에 벨룸지를 겹치면 색감을 낮추는 효과를 줄 수 있다. 벨룸지에 저널을 프린트하거나 메시지 스탬프를 찍어서 태그나 카드에 레이어드하면 고급스러운 느낌이 난다.
- **컬러링하기:** 코픽이나 수성 마커로 채색이 가능하다. 빨리 마르면서도 잘 지워지지 않는 하이브리드 다이 잉크로 스탬핑하여 화이트 히트 엠보싱했을 때는 흰색 스탬핑 라인이 물들지 않도록 벨룸지의 뒷면에 컬러링하거나 블렌딩하는 것이 좋다. 벨룸지의 뒷면에 컬러링하면 진한 색상이 완화되어 부드럽게 보이는 시각적 효과를 얻을 수 있다.
- **부착하기:** 벨룸지는 반투명하므로 깔끔하게 부착하는 방법을 고려해야 한다. 액체 접착제보다는 테이프를 사용한다. 스프레이 접착제는 멀리서 뿌린 후 접착하며, 울지 않도록 벨룸지를 손으로 쓸어주거나 브레이어로 밀어주면 도움이 된다. 브래드나 아일릿 등의 이음쇠를 벨룸지의 모서리 4군데에 끼우면 부착이 가능하다. 벨룸지를 레이어링할 때는 배경 종이(카드 패널)에 붙이면 앞면에는 접착 부분이 안 보인다. 벨룸지에 장식물을 붙일 경우에는 장식의 뒷면에 양면테이프를 바른다.

화이트 히트 엠보싱으로 만든 벨룸지 블로섬

■ **스티치로 장식하기**

카드나 배경지에 스티치를 더하면 핸드메이드 특유의 따스하고 아기자기한 느낌이 배가된다. 재봉틀을 이용하거나 손바느질로 박음선을 내도 좋지만 다양한 방법으로 스티치 자국을 모방하여 장식할 수 있다.

- **스티치 자국 내기:** 폼패드를 종이 밑에 깔고 스티치 툴을 굴려 스티치 자국을 낸다. 스티치 룰러로 뚫린 구멍에 페이퍼 피어서(송곳)로 스티치 자국을 낼 수 있다. 스티치 보더 스탬프나 스티치를 더한 다양한 모양의 다이를 활용한다. 스티치 모양 러브온(판박이)을 러브온 툴로 문질러 스티치 자국을 내도 된다.

- **스티치 그리기:** 화이트 펜(Uni-Ball Signo White Gel Pen/Sakura White Glaze Gel Pen/Sharpie Paint-White)으로 스티치 모양을 그려서 장식한다. 화이트 피코(Tsukineko Irresistibles Pico Embellisher)는 가는 펜촉으로 스티치처럼 모양을 짤 수 있고 마르면서 볼륨이 생긴다.

■ 러브온과 스티커로 장식하기

- **러브온으로 장식하기:** 러브온 이미지를 이용하여 유리나 거울 등 스탬핑이 어려운 곳을 효과적으로 장식할 수 있다. 러브온 툴로 문지른 다음 러브온 이미지가 완전히 전사되었는지 확인하면서 천천히 떼어낸다.
- **스티커로 장식하기:** 스티커의 기본 장식 기능뿐만 아니라 스티커를 붙인 후 블렌딩 등으로 배경에 색감을 입히고 스티커를 떼어내어 리지스트 효과를 낼 때도 활용할 수 있다.

작품 보존

종이로 만든 작품은 훼손되기 쉬우므로 오래도록 보관할 수 있는 방법을 고민하게 된다. 광택제는 무광, 반유광, 유광으로 나뉜다. 정성껏 만든 작품이 손상되지 않도록 작업 내용에 적합한 마감재를 선택하여 잘 보관한다.

디스트레스 잉크나 수채 재료로 작업한 것은 물에 번지지 않도록 보존성을 높이는 것이 좋다. 작품이 크지 않을 경우에는 팀홀츠 글레이즈(Tim Holtz Distress Micro Glaze)를 손가락으로 발라 보존성도 높이고 광택도 줄 수 있다. 입체감 있는 작품일 경우 스프레이(Vanish Spray)를 뿌려 마무리한다. 표면에 얇게 도포되므로 완전건조된 후 작품의 방향을 돌려가며 서너 차례 반복하여 도포한다. 이때 환기가 잘 되도록 창문을 열어두거나 실외에서 작업한다.

원 레이어드 작업이나 평면 작품의 경우에는 액체로 만들어진 글레이즈(Decoupage Glaze)를 붓으로 발라 보존성을 높여준다. 붓 자국이 남지 않도록 폼 브러시를 사용하는 것이 좋다. 산도를 낮추고 중화하여 완성된 작품의 보존성을 높이고자 할 때는 픽사티브(Fixative/Preservation Spray)를 뿌린다. 글리터나 파스텔 등의 날림이 있는 채색을 했을 때도 유용하다.

PART 3

스탬프 아트를 활용하다

베이비
어린이
청소년
생활소품

베이비

탄생 축하 배너

새로운 생명의 탄생은 어느 부모에게나 진심으로 기쁜 일이다. 열 달 동안 엄마의 배 속에서 자라던 아기가 강보에 싸여 집으로 돌아올 때의 행복은 그 무엇과도 비교할 수 없다. 작고 귀여운 신생아의 모습을 떠올리며 배내옷을 소재로 축하 배너를 만들어보자.

★ 준비물

색상지(흰색, 노란색), 패턴지(Doodlebug Inc./Snips & Snails), 스탬프(Woodware Craft Collection/Cutie Pie Vest), 다이(Die-Namics/High-Rise Alphabet Uppercase, 구름, 해, Poppystamps/Hip Little One), 잉크(VersaFine Black), 장식(단추, 젬스톤, 에나멜 닷), 글로시 악센트, 글리터 글루, 폼닷, 나무집게, 끈

★ 주요 기법

페이퍼 피싱, 섀도 다이 커팅

1 노란 색상지와 패턴지, 흰색 종이에 배내옷 이미지를 스탬핑하고 페이퍼 피싱할 부분을 가위로 오려둔다.

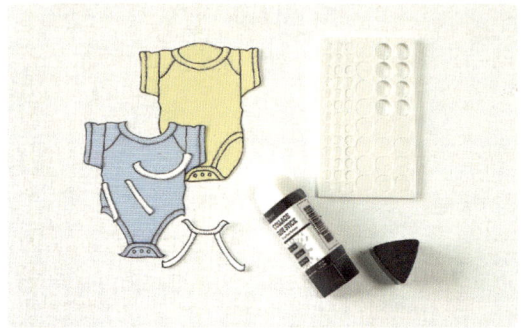

2 노란 색상지 배내옷 위로 페이퍼 피싱한 패턴지를 폼닷으로 붙이고 흰색 시접 부분은 풀로 붙인다.

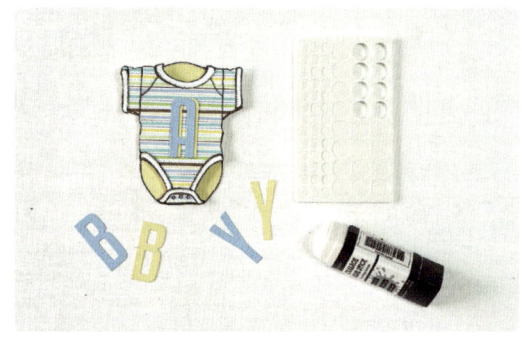

3 배내옷 한가운데에 다이로 2개씩 커팅한 알파벳(B-A-B-Y)을 살짝 비껴서 겹쳐 붙인다.

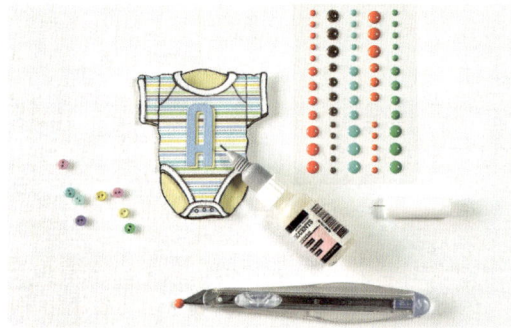

4 알파벳 위에 글로시 악센트를 발라 입체감을 주고 단추, 에나멜 닷 등으로 장식하여 5벌의 배내옷을 만든다.

5 구름과 해 모양 다이로 커팅한 종이에 글리터 글루 등을 발라 반짝임을 준다.

6 5벌의 배내옷은 나무집게를 이용해 줄에 걸고, 구름은 뒷면에 테이프를 붙여 고정한다. 줄 양 끝은 리본으로 장식한다.

★ **활용 하기**

다이 컷을 살짝 비껴서 겹쳐 붙이면 그림자 효과가 나타난다. 글로시 악센트를 알파벳 등 다이 컷 위에 도톰하게 발라 건조하면 젤 스티커와 같은 광택과 입체감을 줄 수 있다.

축하 배너와 세트로 만든 베이비 카드와 봉투

베이비 섀도 박스

갓 태어난 아기는 매일 잠만 자는 듯해도 하루가 다르게 쑥쑥 자라나 정말 눈 깜박할 사이에 성장한다. 어여쁘고 천사 같은 신생아 때의 모습을 오래도록 담아둘 3단 액자를 만들어보자. 아기 사진, 스탬프 이미지, 블로섬 등으로 액자를 장식하고 입체감을 주기 위해 폼닷을 높이가 다르게 붙여본다.

★ 준비물

6in 패턴지(ScrapBerry's/Mother's Treasure), 흰색 마시멜로지, 색상지(민트 펄, 분홍), 투명 아세테이트지, 스탬프(Hero Arts/Baby Love, Hampton Art/Sco685, Pso966, Mama Elephant/Nursery Deco), 다이(Die-Namics/Arrow Greeting, Tonic/Little Princess), 잉크(Memento/Tuxedo Black, StāzOn/Jet Black), 코픽 마커, 칩보드 프레임(Crate Paper/Photo Overlays), 블로섬(Prima/Heaven Sent), 글로시 악센트, 글리터 글루, 검은색 에나멜 악센트, 폼닷, 3단 흰색 액자, 작은 유리병 2개, 아기 사진과 기념하고 싶은 물건들

★ 주요 기법

사진을 이용한 스크랩북킹, 프레임과 아세테이트지로 레이어드하여 입체감 주기, 다이 컷을 겹쳐 두꺼운 칩보드로 입체감 주기

★ 만드는 방법

1. 아기의 사진을 준비하여 원하는 크기로 자른다.
2. 사진과 어울리는 패턴지를 선택하여 액자 크기에 맞추어 자른다.
3. 3단 액자의 유리를 제거한 후 잘라둔 패턴지를 액자에 끼워 배경을 준비한다.
4. 프레임 다이 컷이나 칩보드를 패턴지에 붙이고 그 위에 아기 사진을 붙인다.
5. 투명 아세테이트지에 유성 잉크로 메시지 스탬프를 찍어서 사진에 겹쳐 붙인다.
6. 아기가 태어난 날과 아기와 관련된 이미지 등을 스탬핑하고 자른 다음 채색한다.
7. 채색해둔 이미지와 블로섬 등으로 사진을 장식한다.
8. 저널 다이 컷 5장을 겹쳐 붙여 칩보드처럼 단단해지면 액자 주변에 접착제로 고정한다.
9. 작은 유리병에 패턴지를 잘라 넣고 폼닷으로 액자의 아랫부분에 붙인다. 유리병에는 아기의 손톱이나 처음으로 빠진 치아, 탯줄 등 기념하고 싶은 작은 물건을 넣는다.

★ 활용하기

섀도 장식 액자는 깊이가 있으므로 스탬프와 부재료들을 아낌없이 사용하면서 입체감을 주는 재미가 있다. 세로로 연결하여 벽면에 걸어두거나 탁자에 나란히 세워두기도 좋다. 아기 사진으로 만든 액자는 돌잔치 때 테이블 장식으로 활용할 수 있다.

활용 작품

자전거를 주제로 만든 29×41cm 크기의 섀도 장식 액자

나비
모빌

생애 첫 장난감은 아마도 모빌이 아닐까? 아기가 딸랑이를 손에 들기도 전에 엄마들은 아기의 시선을 끌기 위해 예쁜 모빌을 머리맡에 걸어둔다. 모빌을 보며 까르륵 웃는 아기를 상상하며 나비 모양 다이를 이용하여 모빌을 만들어보자.

★ 준비물

양면 패턴지(Doodlebug Design Inc./Bunnyville), 벨룸지(We R/DIY Party), 메탈화이트지 200g, 나비 모양 다이(Cheery Lynn, Memory Box, Sizzix, Simon Says), 흰색 옷걸이, 노란색 끈(Baker's Twine), 흰색 리본, 진주 브래드

★ 주요 기법

다이 컷 레이어드하기, 벨룸지 활용하기

★ 활용하기

다이 대신 나비 스탬프를 벨룸지에 화이트 히트 엠보싱하여 만들어도 나비 날개의 하늘하늘한 느낌을 살려 모빌을 만들 수 있다.

1   날개맥 모양 다이로 필요한 나비 개수의 2배만큼 흰색 종이를 커팅한다.

2   색상지와 벨륨지에 나비 모양 다이를 대고 연필로 그린 다음 가위로 오린다. 이때 날개맥 다이와 나비 다이가 세트인 것을 사용하면 편리하다.

3   날개맥 다이 컷, 벨륨 나비, 양면 패턴 나비, 벨륨 나비, 날개맥 다이 컷을 순서대로 놓고 가운데 부분을 접착제로 겹쳐 붙인다.

4   같은 방법으로 모양과 색상과 크기가 다양한 나비를 8~9개 정도 만든다.

5   나비의 색상과 무게를 고려하여 좌우 균형을 맞추어 배열해본다.

6   날개 아래로 줄을 끼워 연결한 후 옷걸이에 매달고 리본과 브래드로 장식한다.

스탠딩 성장 앨범

태어나서 첫돌을 맞을 때까지의 성장 과정은 일생에서 그 어느 때보다 드라마틱하다. 누워만 있던 아기가 앉고 기고 서고 걷는 등 하루가 다르게 커가는 모습을 담은 사진으로 성장 앨범을 만들어보면 어떨까? 첫돌 잔칫날, 테이블에 성장 앨범을 장식해두고 건강하게 자라준 아기를 축복하며 하객들과 기쁨을 나누는 즐거운 시간을 기대하며 작업해보자.

★ 준비물

6in 패턴지(Echo Park Paper/Bundle of Joy Girl), 색상지(흰색, 연두색, 살구색), 베이비를 주제로 한 스탬프, 다양한 프레임과 저널 다이, 스코어링 보드, 본 폴더, 양면테이프, 신생아 때부터 1년간의 성장 과정이 담긴 아기 사진

★ 주요 기법

섀도 다이 커팅, 사진을 이용한 스크랩북킹

★ 활용하기

제과용 케이크 돌림판에 스탠딩 성장 앨범을 얹고 빙빙 돌아가게 해도 재미있다. 크기를 달리하여 12in 패턴지로 스탠딩 앨범을 만들어도 좋다. 회갑이나 팔순 잔치 때 부모님의 일생을 보여주는 앨범을 전시한다면 뜻깊은 선물이 될 것이다.

1 부드러운 파스텔 톤의 패턴지와 어울리는 색감(흰색, 연두색, 살구색)의 색상지를 준비한다.

2 스코어링 보드에 6in 패턴지를 놓고 2in 눈금을 따라 직선을 그은 후, 안으로 접고 바깥쪽 접은 선을 본 폴더로 눌렀다가 다시 펴준다.

3 색감과 패턴을 고려하여 각각의 패턴지가 돋보이도록 순서를 정하여 나열한다. 본 폴더로 눌러준 라인을 기준으로 2×6in 직사각형의 뒷면 사방에 양면테이프를 붙여둔다.

4 양면테이프를 붙여둔 면을 바깥으로 접은 후 다음 번 패턴지의 ⅔면에 이어서 붙인다. 같은 방법으로 10~12장의 패턴지를 이어서 붙인다.

5 이어 붙인 패턴지를 바닥에 세워두고 스탠딩 미니 앨범의 형태를 완성한다.

6 패턴지 색상에 맞추어 프레임과 저널 다이와 베이비 스탬프 등을 준비한다. 저널 다이는 2가지 색상으로 잘라 살짝 비껴서 겹쳐 붙이면 시각적으로 돋보인다.

7 아기가 성장하는 과정을 담은 사진을 차례대로 배열하고, 첫 장은 앨범의 표지(Welcome! Little Princess)로 만든다.

8 다이 컷과 스탬핑한 재료로 각 면을 통일감 있게 장식하여 앨범 작업을 마무리한다.

> 첫돌 축하
> 꽃 장식

크고 작은 원 모양으로 패턴지를 잘라 꽃 장식을 만들 수 있다. 정성을 담은 선물로도 적당하고 아기의 방을 장식하기에도 좋다. 귀여운 아기의 사진을 넣어 만든 동글동글 꽃 장식을 돌잔치 테이블 데코용으로 활용한다면 축하객들의 얼굴에 미소가 절로 피어날 것 같다.

★ 준비물

6in 패턴지(Carta Bella/It's a Girl), 색상지(연두색, 살구색, 노란색, 흰색), 다이(다양한 크기의 원 다이와 스캘럽 다이, Prima/Forest Leaves), 디스트레스 잉크, 미니 스펀지 도버, 종이 빨대(Daily Like), 와시테이프, 1mm 양면 폼 시트, 노란색 레이스, 흰색 폼폼 리본, 재활용 상자(28×10×9cm), 흰색 젯소, 붓, 아기 사진

★ 주요 기법

패턴지로 꽃 장식 만들기, 에징으로 입체감 주기

★ 활용하기

패턴지 꽃의 중앙에 가족사진을 붙여 장식하거나 급우들의 사진을 붙여 유치원이나 초등학교 교실의 환경 구성으로 활용할 수 있다.

1 꽃을 만들 패턴지와 색감이 어울리는 색상지를 골라 원 다이나 펀치 등을 이용하여 다양한 크기로 잘라둔다.

2 색상과 패턴을 고려하여 원의 크기 순서대로 꽃 한 송이당 5~7개씩 모아두고, 디스트레스 잉크를 묻힌 스펀지 도버로 원의 가장자리를 에징한다.

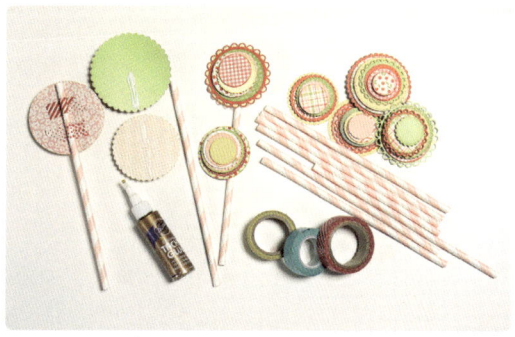

3 1mm 두께의 양면 폼시트를 다이로 둥글게 잘라 각 패턴지 원의 뒷면에 붙여 입체감을 준다. 이때 원의 크기 순서대로 양면테이프를 붙이거나 폼시트의 높낮이를 다르게 한다. 원의 위치도 정중앙을 기준으로 하지 않고 지그재그 느낌으로 붙인다.

4 완성된 꽃송이 뒷면에 종이 빨대를 접착제로 붙이고, 그 위에 와시테이프를 붙여 튼튼하게 만들어준다.

5 꽃송이를 붙인 종이 빨대 뒷면에 커팅머신으로 자른 잎사귀 모양 다이 컷을 접착제로 붙인다.

6 원 다이나 펀치 등을 이용하여 아기 사진을 꽃송이 가운데 크기에 맞게 잘라둔다.

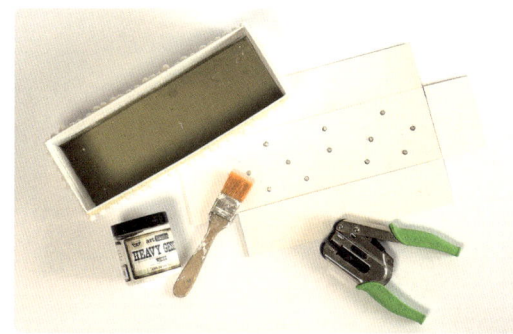

7 재활용 상자에 젯소를 발라 흰색 상자를 만든다. 상자 안쪽 크기에 맞게 세울 수 있도록 두꺼운 종이를 자르고 꽃송이의 개수만큼 펀치로 구멍을 뚫은 후 상자 속에 집어넣는다.

8 꽃송이들이 하나하나 잘 보이도록 높낮이를 조절하고, 구멍마다 패턴지 꽃을 꽂아 흔들리지 않게 세팅한다. 꽃송이 가운데 부분에 아기 사진을 붙여 마무리한다.

어린이

크래프트 폼 스탬프

대형 문구점에서 쉽게 구입할 수 있는 크래프트 폼은 스펀지를 압축한 느낌으로 두께가 다양하며 탄성이 있다. 다루기 쉬운 크래프트 폼으로 간단히 스탬프를 만들어 사용하는 방법을 몇 가지 소개한다.

★ 준비물

2mm와 5mm 크래프트 폼(EVA 폼) 8절 1장씩, 원하는 모양의 다이 템플릿, 카드지, 잉크, 화이트 펜, 재접착 양면테이프 혹은 리포지션시트(Tsukineko Tack'N Peel), 아크릴 블록

★ 주요 기법

다이 커팅, 손그림 폼 스탬프 만들기

●●●● 다이 템플릿을 이용하여 크래프트 폼 스탬프 만들기 ●●●●

1 2mm 두께의 크래프트 폼과 스탬프로 만들고 싶은 모양의 다이 템플릿을 준비한다.
2 크래프트 폼 위에 다이를 놓고 커팅패드를 덮은 후 커팅머신을 돌려 커팅한다. 이때 크래프트 폼을 2장씩 커팅하여 겹쳐 붙이면 높이가 생겨서 좀 더 편하다.
3 재접착 양면테이프나 리포지션시트를 아크릴 블록에 붙인 후 크래프트 폼 스탬프를 부착하여 스탬핑한다.

스티치 다이 컷으로 스탬핑   양면으로 미러 스탬핑

●●●● 크래프트 폼으로 배경 스탬프 만들기 ●●●●

1 6in로 자른 2mm 크래프트 폼을 5mm 크래프트 폼에 양면테이프로 부착하여 단단하게 만든다.
2 잉크패드로 두드려 잉킹한 후, 그 위에 종이를 덮고 고루 누른다. 잉크가 잘 흡수되면 종이를 떼어낸다.

● ● ● ● ● 손그림으로 크래프트 폼 스탬프 만들기 ● ● ● ● ●

1 크래프트 폼에 화이트 펜으로 원하는 그림을 그리고 가위로 자른다.

2 가위로 자른 그림을 아크릴 블록에 부착하여 스탬핑해본 후 부족한 부분은 수정한다.

알파벳 폼 퍼즐

모양 다이를 활용하면 크래프트 폼으로 스탬프뿐만 아니라 아이를 위한 퍼즐도 내 손으로 쉽게 만들 수 있다. 아이들이 알파벳을 즐겁게 배우고 익힐 수 있도록 알파벳 다이를 이용하여 크래프트 폼으로 퍼즐을 만들어보자.

★ 준비물

패턴지(My Mind's Eye/Alphabet Soup), 흰색 마분지, 2mm 크래프트 폼, 다이(Die-Namics/By the Letters Uppercase), 디스트레스 잉크, 블렌딩 툴, 와시테이프, 양면테이프, 투명 접착제, 엠보싱 파우더 툴, 매트 바니시, 커팅패드

★ 주요 기법

다이 커팅, 잉킹으로 색감 입히기, 바니시로 보존성 높이기

★ 활용하기

씨직스 빅즈 다이는 5mm 폼도 커팅이 되므로 좀 더 쉽게 작업할 수 있으며, 아이의 발달 단계에 맞는 심플한 퍼즐을 만들 수 있다.

1 흰색 마분지, 2mm 크래프트 폼 2장, 패턴지를 커팅패드와 같은 크기(15.5×22.5cm)로 잘라둔다.

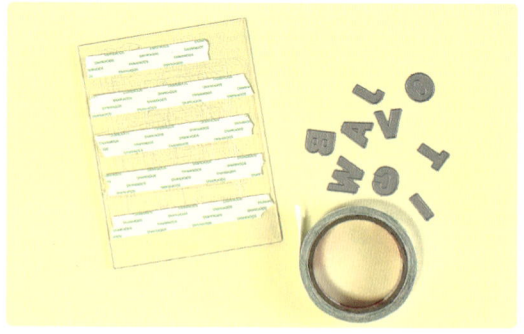

2 세로로 놓아둔 커팅패드에 양면테이프를 5줄로 길게 붙이고 알파벳 다이를 순서대로 붙여 고정한다.

3 양면테이프의 강한 접착력을 줄이기 위해 엠보싱 파우더 툴로 가루를 살짝 바른 후 패턴지, 크래프트 폼 2장, 마분지를 각각 커팅한다.

4 구멍이 뚫린 패턴지 밑으로 크래프트 폼 2장과 마분지를 차례대로 놓고 접착제로 겹쳐 붙여 퍼즐판을 단단하게 만든다.

5 다이 커팅한 패턴지 알파벳을 블렌딩 툴로 잉킹하여 컬러링한다.

6 알파벳 조각도 패턴지, 크래프트 폼 2장, 마분지를 접착제로 겹쳐 붙여 퍼즐판과 높이를 맞춘다.

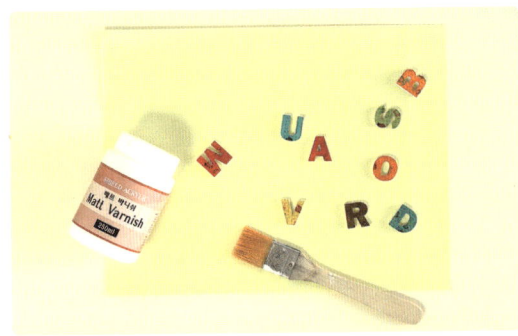 

7 알파벳 퍼즐판과 조각 앞면에 작은 붓으로 매트 바니시를 바르고 건조시킨다.

8 퍼즐판 가장자리는 와시테이프로 둘러주고, 귀여운 벌꿀(패턴지와 세트인 페이퍼 장식) 등으로 장식한다.

동물나라 막대인형

인형극 놀이는 어린이의 언어 발달을 도와준다. 아이들의 상상력을 키울 수 있도록 귀여운 동물 스탬프를 이용하여 막대인형을 만들고 숲 속의 동물왕국을 꾸며보자.

★ 준비물

색상지(베이지, 연갈색, 갈색, 회색), 스탬프(MFT/Sweet Safari, Wild Things/Clearly Besotted/Wild Thing), 잉크(Memento/Tuxedo Black), 코픽 마커(베이지 계열), 와시테이프, 글로시 악센트, 에나멜 악센트, 글리터 글루, 6mm 눈알, 아이스크림 나무막대

★ 주요 기법

페이퍼 피싱, 색상지 컬러링, 글루 컬러 믹싱

★ 활용하기

나무막대 대신 손장갑에 스탬프 이미지를 붙여 손가락 인형극 놀이를 하거나 동물 외의 스탬프 캐릭터를 이용하여 인형극 놀이를 준비해도 좋다.

원하는 색상의 글리터 글루가 없을 경우 2가지 색의 글루를 짜서 붓으로 섞어 사용하면 된다. 글루뿐만 아니라 리퀴드 채색 재료도 물감처럼 섞어서 나만의 컬러로 활용할 수 있다.

1 동물 스탬프를 갈색 계열의 색상지에 두 번씩 스탬핑하고 가위로 잘라둔다.

2 동물 이미지 2개 중 하나는 그대로 두고, 나머지 하나에만 마커로 부분 컬러링한다.

3 동물의 눈에 지름 6mm의 작은 눈알을 붙여 표정을 풍부하게 만들어준다.

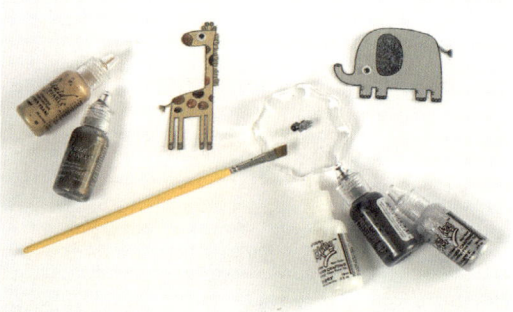

4 글로시 악센트와 리퀴드 펄, 글리터 글루 등을 이용하여 볼륨감과 반짝임을 준다.

5 아이스크림 나무막대에 동물들과 색감이 어울리는 와시테이프를 발라준다.

6 동물 이미지를 나무막대의 앞과 뒤에 겹쳐 붙여서 동물 막대인형을 완성한다.

●●●●● **2단 숲 속 배경 만들기** ●●●●●

1 12in의 초록색 색상지를 스코어링 보드에 올려두고 ⅜, 1⅜, 1⅜, 1⅜, 2⅜, 2⅜, 2⅜, ⅜ 간격으로 본 폴더를 이용하여 홈을 따라 선을 그어준다.
2 초록색 색상지에 그어진 선을 따라 2단으로 접고, 가운데 부분은 양면테이프로 고정한다.
3 언덕 모양 다이 컷과 잔디 모양 다이 컷을 이용하여 숲 속 배경을 꾸며준다.
4 색상지에 나무 이미지를 스탬핑한 후 페이퍼 피싱 기법으로 나무를 만든다.
5 작은 곤충 등을 스탬핑하고 컬러링하여 숲 속을 장식한다.

생일 축하 미니 배너

즐겁고 행복한 생일 파티에 축하 배너가 장식되어 있으면 흥겨움이 한껏 더해지는 느낌이다. 벽 장식용 축하 배너 대신 알파벳 다이와 곰돌이 스탬프를 이용하여 테이블에 놓아둘 수 있는 미니 생일 축하 배너를 만들어보자.

★ 준비물

패턴지(Studio G), 흰색 마커 전용지(Classic Crest), 스탬프(MFT/Beary Special Birthday), 알파벳 다이(Die-Namics/High-Rise Alphabet Uppercase), 잉크(Memento Black), 2mm 양면 폼시트, 무지개색 코픽 마커, 글로시 악센트, 글리터 글루, 리퀴드 펄, 장식(젬스톤, 반진주), 빨간색 끈(Baker's Twine)

★ 주요 기법

다이 커팅, 유성 마커 컬러링, 리퀴드 채색 재료로 장식하기

★ 활용하기

원하는 문구로 알파벳을 커팅하여 배너를 만들 수 있다. 양면 폼시트를 붙여 다이 커팅하면 입체감도 생기고 접착력이 있어 편리하다.

● ● ● ● **배너 기둥 만들기** ● ● ● ●

1. 휴지 속대를 색상지나 시트지로 감싼 후 모래나 돌멩이를 넣어 무게 중심을 잡아준다.
2. 색상지로 고깔모자 2개를 지름 5cm 정도로 만들고 폼폼으로 장식한 후 휴지 속대 위에 부착한다.
3. 휴지 속대 아래에 양면 폼시트를 부착하여 넘어지지 않도록 바닥에 고정한다.

1 스탬프 이미지를 스탬핑하고 마커 컬러링한 후, 1mm 정도의 여백을 남기고 가위질한다.

2 알파벳 다이의 크기대로 무지개색 패턴지 2장과 양면 폼시트를 자른다. 양면 폼시트의 종이를 떼어내어 앞뒤로 패턴지를 붙인다. 이때 뒷면에는 패턴지의 패턴이 밖으로 보이도록 붙인다.

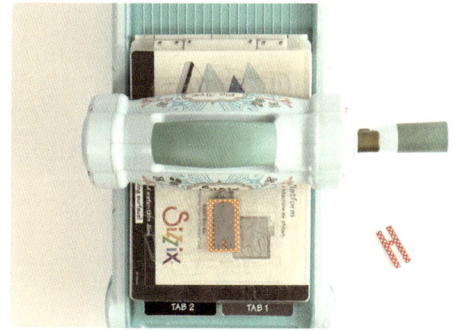

3 양면 폼시트에 붙인 패턴지에 알파벳 다이를 얹고 커팅 패드를 덮어 커팅머신으로 알파벳 모양을 잘라낸다.

4 컬러링한 이미지와 다이 커팅한 알파벳에 글로시 악센트를 발라 볼륨과 광택을 주고, 케이크 크림 부분에는 펄 글루를 발라 반짝임을 준다.

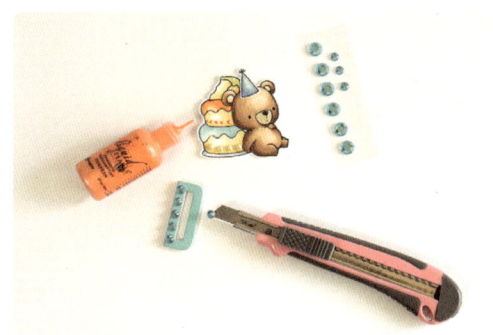

5 젬스톤과 반진주를 붙여 장식하고, 케이크 라인을 따라 점을 찍듯이 리퀴드 펄을 짜서 진주 모양 장식을 더한다.

6 컬러링해둔 곰돌이와 알파벳 뒷면을 끈으로 연결하여 미니 생일 축하 배너를 완성한다.

몬스터 컵케이크 픽

신나는 파티 때 커다랗고 화려한 케이크로 축하해도 좋지만 작은 컵케이크에 픽(토퍼)을 장식하여 엄마의 정성을 더해보면 어떨까? 아이들이 좋아하는 귀여운 몬스터를 주제로 픽을 만들어 컵케이크를 장식해보자.

★ 준비물

파스텔 톤 패턴지(Creating Keepsakes), 흰색 마커 전용지, 스탬프(Taylored Expressions/Party Monsters), 수성 잉크(Memento Black), 0.5mm 코픽 펜, 파스텔 색 코픽 마커, 폼닷, 글로시 악센트, 검은색 에나멜 악센트, 와시 테이프, 꼬치용 나무막대, 이쑤시개

★ 주요 기법

페이퍼 피싱, 스탬핑 이미지 변형하기, 다이 커팅처럼 가위질하기

1 몬스터 스탬프를 페이퍼 피싱에 필요한 만큼 흰색 마커지, 패턴지, 파스텔 톤 색상지에 각각 스탬핑한다.

2 흰색 마커지에 스탬핑한 이미지는 다이 커팅처럼 1mm 정도 여분을 남기고, 패턴지와 색상지에 스탬핑한 이미지는 필요한 부분만 스탬핑 라인에 딱 맞춰 자른다.

3 패턴지와 색상지 외에 색이 필요한 부분은 마커로 컬러링 한다.

4 흰색 몬스터에 페이퍼 피싱한 부분을 폼닷으로 차례대로 붙여준다.

5 글로시 악센트로 볼륨과 광택을 주고, 몬스터의 눈알은 검은색 에나멜 악센트를 발라 강조한다.

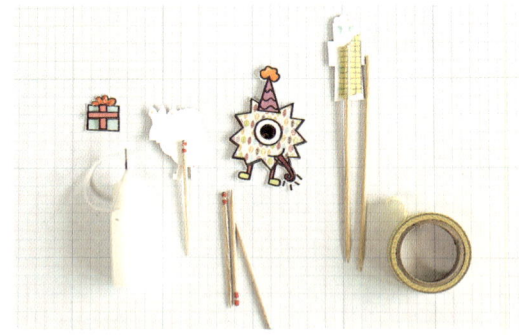

6 몬스터 뒷면에 꼬치용 나무막대를 접착제로 붙이고 와시 테이프를 그 위에 발라 깔끔하게 마무리한다.

★ 활용하기

몬스터 스탬프뿐만 아니라 아이가 좋아하는 로봇이나 동물 등의 스탬프로 파티를 준비할 수 있다.

● ● ● ● ● **스탬핑 변형하기** ● ● ● ●

스탬프 이미지가 선으로 된 것을 면으로 변형하면 입체적으로 사용할 때 시각적인 효과를 높일 수 있다. 몬스터의 눈과 팔 등 가느다란 선은 0.5mm 코픽 펜으로 면이 되도록 수정하여 사용한다. 펜의 굵기는 다양하므로 스탬핑 라인의 두께에 따라 선택한다.

1! 2! 3! 숫자 놀이

커다란 숫자를 만지면서 아이들이 숫자의 형태를 익히도록 놀이 도구를 만들어보자. 하나! 둘! 셋! 스탬프를 찍어보거나 스티커를 붙이는 등 즐거운 놀이를 통해 수 개념을 자연스럽게 경험할 수 있다.

★ 준비물

6in 패턴지(Echo Park/Dots & Stripes), 흰색 종이, 아세테이트지, 숫자 모양 다이(Die-Namics/Deco & More), 알파벳 스티커(American Craft/Remarks Cardstock Letter Stickers), 메탈 브래드 10개 혹은 고리, ½in 서클 펀치, 원형 폼닷, 글로시 악센트, 어린이용 다이 잉크(Hero Arts), 숫자 스탬프, 스티커

★ 주요 기법

숫자 모양 다이 커팅, 알파벳 스티커 사용하기

★ 활용하기

아세테이트지가 없다면 상품을 포장한 투명 비닐로 대체할 수 있다.

1 1~10 모양의 빅 숫자 다이로 흰색 종이, 패턴지, 아세테이트지를 커팅한다.

2 아세테이트지, 패턴지, 흰색 종이 순서로 겹쳐둔 다음 윗부분을 펀칭하여 구멍을 뚫는다.

3 알파벳 스티커를 이용하여 해당 숫자 모양 다이 컷에 One에서 Ten까지 순서대로 붙여준다.

4 ⅛in 원형 펀치로 각 수만큼 패턴지를 자르고, 숫자 모양 아세테이트지에 원형 폼닷을 이용하여 붙인다.

5 아세테이트지에 붙인 원형에 글로시 악센트를 바르고 건조한다. 아세테이트지, 패턴지, 흰색 종이를 겹쳐서 펀칭해둔 구멍에 브래드(혹은 고리)를 끼워 고정한다.

6 아이와 함께 흰색 종이에 그 수만큼 스티커를 붙이거나 스탬프를 찍는다. 숫자 모양 다이 컷 뒷부분에 놓아했던 종이들을 모아 책처럼 묶어준다.

틸다의 동화수첩

스탬퍼들에게 많은 사랑을 받은 스탬프 캐릭터 중 하나는 '틸다'가 아닐까 싶다. 둥글넓적한 얼굴이지만 다정다감해서 볼수록 정이 듬뿍 가는 어여쁜 틸다! 어려서부터 어른이 될 때까지, 그리고 갖가지 상황에서의 틸다와 배경 스탬프 등 틸다의 세상은 드라마틱하다. 몇 해 전 스탬프마마에서 리뷰어를 하면서 작업했던 틸다의 러브 스토리를 담은 동화수첩을 소개한다.

★ 준비물

크라프트지, 마시멜로지, 스탬프(틸다 시리즈/Tilda with Heart Spots, Edwin with Tie, Edwin with Butterfly, Longing Tilda, Tulip Walkway, Root Cellar Door, 다양한 저널 스탬프, Impression-Obsession/Newsprint), 다이(MFT/Let's Toast), 잉크(Memento/Tim Holtz Distress), 블렌딩 툴, 코픽 마커(Warm Gray/Cool Gray), 글리터 글루, 리퀴드 펄, 엠보싱 파우더 툴, 양면테이프, 끈

★ 주요 기법

마스킹, 모노톤 마커 컬러링, 에징하기

★ 만드는 방법

1. 크라프트지와 마시멜로지를 Let's Toast 와인 태그 다이를 이용하여 10장씩 커팅한다.
2. 동화 속 주인공들을 마시멜로지 태그에 스탬핑하고 모노톤으로 컬러링하여 가위로 오려둔다.
3. 마시멜로지 태그들을 시간 순서대로 놓아두고 동화의 배경을 스탬핑한다.
4. 동화의 배경도 빛바랜 사진첩의 느낌으로 코픽 마커의 쿨그레이와 웜그레이로 컬러링한다.
5. 주인공들을 스탬핑한 부분을 마스크 종이로 가리고 태그의 윗부분을 배경 스탬프로 스탬핑한다.
6. 크라프트지 태그 뒷면에는 저널 스탬프를 스탬핑하여 책 같은 느낌을 주고, 가장자리에는 갈색 디스트레스 잉크로 블렌딩하여 깊이감을 준다.
7. 크라프트지 태그 10장을 옆으로 나란히 놓고 태그와 태그 사이를 테이프로 연결하여 지그재그로 접는다. 태그 연결 부위의 테이프에는 엠보싱 파우더 툴의 가루를 발라 끈적임을 없애준다.
8. 양쪽 크라프트지 태그 앞면에 사진첩을 묶을 끈을 고정한다.
9. 완성된 10장의 마시멜로지 태그를 테이프로 연결해둔 크라프트지 태그에 1장씩 차례대로 붙인다.
10. 글리터 글루와 리퀴드 펄 등으로 장식하고 스탬프로 만든 틸다의 동화수첩을 완성한다.

★ 활용하기

틸다 외에도 다양한 캐릭터가 주인공인 스탬프가 많다. 스토리를 구성하면 나만의 특별한 작품을 만들 수 있다.

아코디언처럼 펼쳐지는 틸다의 러브 스토리를 담은 동화수첩의 앞모습과 뒷모습

203

청소년

책 속의 엽서

곱게 물든 나뭇잎을 책에 끼워 소중히 보관하던 학창 시절의 추억을 돌아보면 진한 그리움이 밀려온다. 스탬프를 알고부터는 나뭇잎 대신 책에 어울리는 스탬프로 책갈피를 만들어 끼워두곤 한다. 좋아하는 책과 어울리는 스탬프를 골라 엽서 형태의 책갈피를 만들어보자.

★ 준비물

흰색 마커 전용지나 수채화지, 잉크, 채색 도구, 책과 어울리는 스탬프

★ 주요 기법

스탬핑, 스탬프 이미지 컬러링

★ 만드는 방법

1 책의 분위기와 잘 어울리는 스탬프를 준비한다.
2 태그나 엽서 형태로 종이를 자른다.
3 책 표지의 색감과 어울리도록 스탬핑하고 컬러링한다.

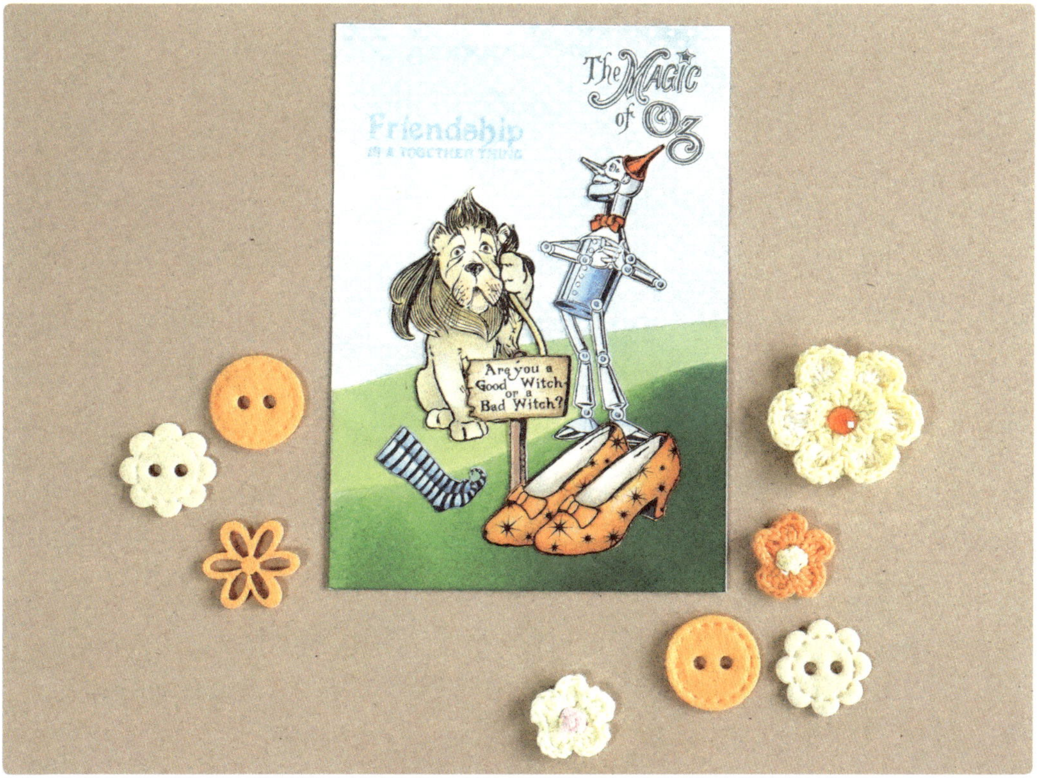
The MAGIC of OZ
Friendship
IS A TOGETHER THING
Are you a Good Witch or a Bad Witch?

오즈의 마법사
Clear Art Stamps
The MAGIC of OZ
Friendship
IS A TOGETHER THING
Shoes
Are you a Good Witch or a Bad Witch?
We're Off to See the Wizard
There's No Place Like Home

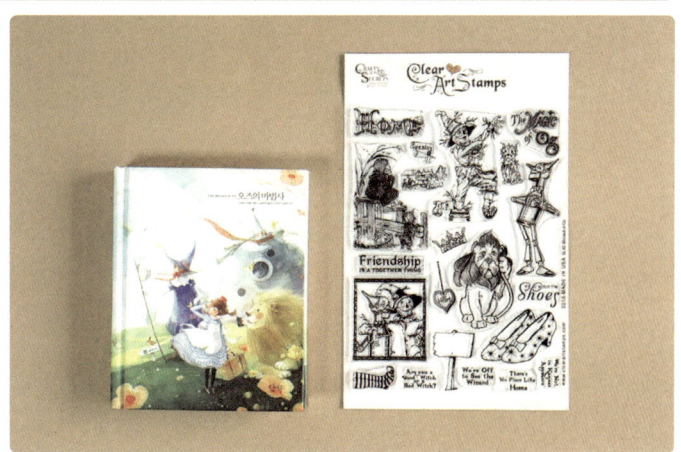

《기억이 머무는 풍경》

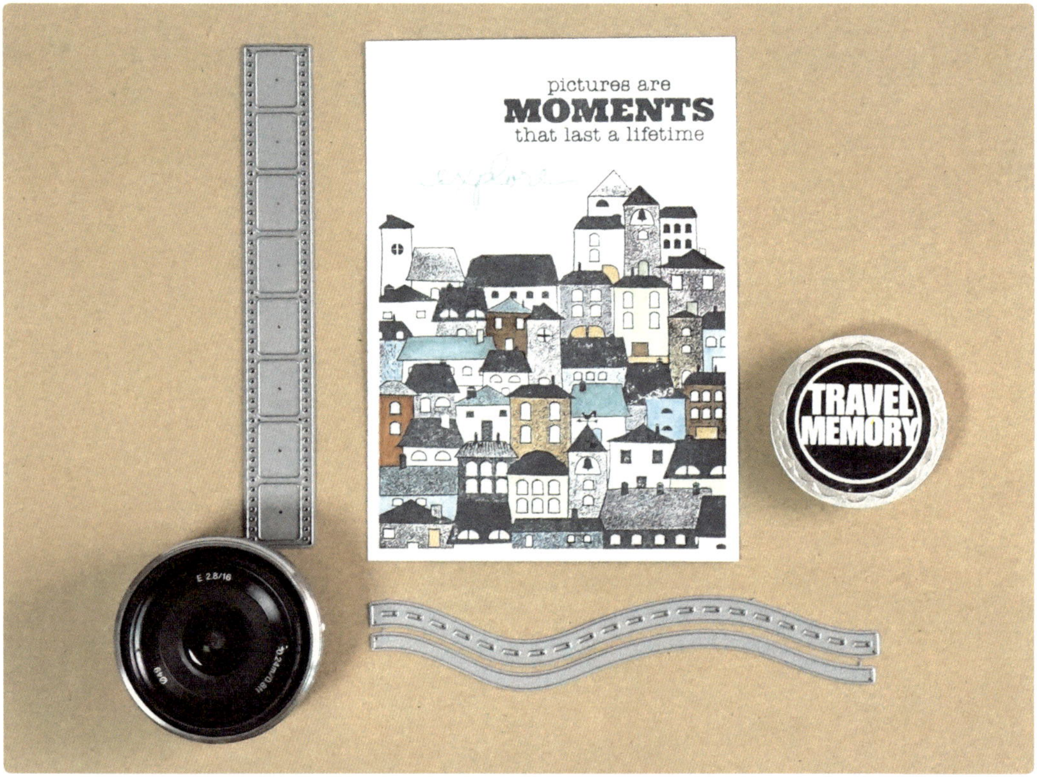
pictures are
MOMENTS
that last a lifetime
TRAVEL
MEMORY
E 2.8/16

드로잉으로 기록한 도시 이야기
기억이
머무는
풍경
Die-namics
www.mftstamps.com
SMILE
CLICK
PHOTO
pictures are
MOMENTS
that last a lifetime

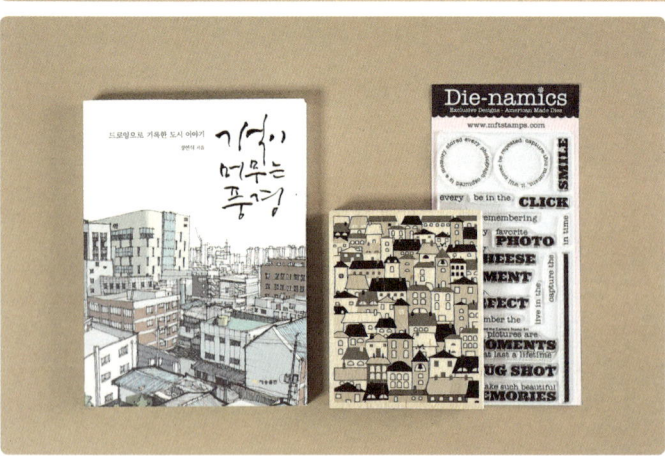

컬러링북

스케치에 색깔만 입히면 그림이 완성되므로 무념무상 힐링의 수단이 되기도 하고, 채색의 기술을 연습할 수 있는 좋은 기회가 되기도 한다. 백화점 카탈로그 표지에 나온 선인장 그림을 보고 영감을 얻어 그동안 모아둔 스탬프를 꺼내들었다. 마스킹 기법을 활용하여 그림을 스케치하듯이 컬러링북 작업에 도전해보자.

★ 준비물

마커 전용지, 수채화지, 마스킹 페이퍼(Inkadinkado/재접착풀이나 포스트잇), 스탬프(Hero Arts/Stamp Your Own Cactus, MFT/Sweet Succulents, WaffleFlower/Planted, MFT/Polynesian Paradise), 검은색 잉크(Memento, Archival, Hybrid), 0.1mm 코픽 펜, 샌딩 지우개나 샌딩 블록, MISTI

★ 주요 기법

마스킹, 원 레이어드 작업

● ● ● ● ● 마스킹하기 ● ● ● ● ●

흰색보다 유색 종이가 좋으며 잉크가 배어나오지 않도록 평량 120~150g을 사용한다. 포스트잇을 마스크 종이로 사용할 때는 여러 겹을 한꺼번에 잘라두면 편리하다. 도안은 스탬핑 라인에 딱 맞게 잘라야 스탬프 사이가 뜨지 않는다.

1 8in 크기의 흰색 종이에 스탬프를 놓아보며 전체적인 그림을 구상한다.

2 선인장 모양을 스탬핑하고 스탬핑 라인에 딱 맞게 잘라 마스킹할 도안을 준비한다.

3 마스킹할 종이 뒷면에 재접착풀을 발라 2~3분간 건조한 후 사용한다. 뒷면 전체에 끈적임이 있는 마스킹 페이퍼나 포스트잇을 사용해도 좋다.

4 스탬핑할 순서대로 마스크 종이를 자리 잡는다.

5 그림 제일 앞부분부터 스탬핑하고 마스크 종이를 얹어 다시 스탬핑한다. 이때 유성 마커 컬러링과 워터 컬러링이 가능한 하이브리드 검은색 잉크패드로 스탬핑하면 편리하다.

6 스탬핑과 스탬핑 사이의 이음새 부분은 가는 펜으로 그려준다.

7 도안의 배경에 MISTI를 이용하여 저널을 스탬핑한다.

8 마스킹 기법을 이용하여 다른 구성으로도 만들어본다.

티켓북

영화, 연극, 음악회 등 공연을 보고 모아둔 티켓은 단순한 수집물이 아니라 추억이 담긴 기록물이다. 빈티지 스탬프를 이용하여 히트 엠보싱 기법으로 장식한 블랙 톤의 티켓북을 만들어 멋진 추억을 보관해보자.

★ 준비물

크라프트지(15×21cm) 6장, 색상지(검은색, 빨간색), 스탬프(Stampers Anonymous/At the Movies, Ultimate Grunge, Mini Muse, Crafty Secrets/Photo Studio, Art Impressions/At the Movies Set), 다이(Paper Smooches/Bam Bubble, Die-Namics/Mini Film Strip), 잉크(검은색, 빨간색), 퍼프 마커(Marvy Snow Marker), 골드 엠보싱 파우더, 화이트 사틴 펄 엠보싱 파우더(Hero Arts), 히트 툴, 리본

★ 주요 기법

히트 엠보싱, 섀도 다이 커팅, 모노톤에 포인트 색상 사용하기, 빈티지 콜라주하기

★ 활용하기

빨간색 펄지와 꽝 모양 다이 컷의 은색, 금색 펄지는 상품 포장 상자를 이용했다. 단단한 포장 상자를 모아두면 여러모로 유용하다.

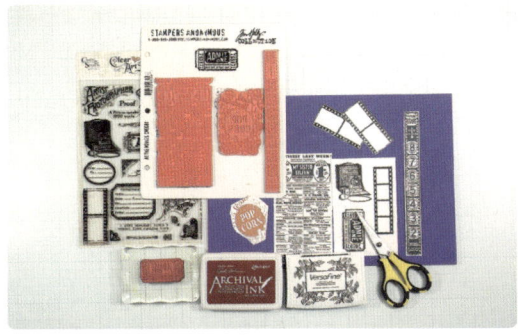

1 영화와 관련된 스탬프는 검은색 잉크로, 팝콘 스탬프는 빨간색 잉크로 스탬핑하여 가위로 오려둔다.

2 영화를 보는 친구들 이미지 2장을 메멘토 검은색 잉크로 스탬핑하여 코픽 마커로 컬러링하고 가위로 오려둔다.

3 미니 필름 다이를 먼저 잘라두고, 꽝 모양(Bam Bubble) 다이는 그림자 효과를 주기 위해 2장씩 4세트를 자른다.

4 팝콘의 질감을 살리기 위해 퍼프 마커를 칠한 다음 마르면 히트 툴로 가열한다. 열이 식으면 팝콘을 잘라 빨간 팝콘 이미지의 가장자리에 붙여준다.

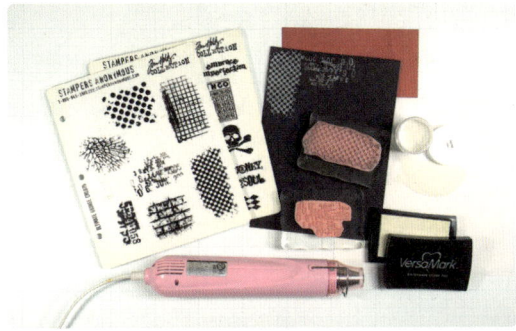

5 표지에 배경 스탬프를 스탬핑하여 사틴 펄 히트 엠보싱한다. 스탬핑 이미지와 다이로 커팅한 타이틀도 붙여 장식하고, 티켓북을 여밀 리본은 겉표지를 붙이기 전에 가로로 길게 부착해둔다.

6 반원형을 잘라낸 포켓을 만들어 티켓북 안쪽 가장자리에 양면테이프로 붙이고 티켓 등을 보관한다.

탁상용 메모 보드

스승의 날에 정성이 듬뿍 담긴 핸드메이드 작품으로 고마움을 표현한다면 뜻깊은 선물이 되지 않을까? 한 해가 지나 쓸모없어진 탁상용 달력 앞면에 코르크 우드락을, 뒷면에 고무자석을 부착하면 다용도 메모 보드를 만들 수 있다. 달력 가운데 공간에 작은 상자로 보관함을 만들어 실용성까지 겸비한 선물을 준비해보자.

★ 준비물

흰색 마커 전용지나 마시멜로지, 스탬프(MFT/Class Act, Paper Smooches/Smarty Pants, O'scrap/School), 다이(Papertrey/Thank You, Teacher, Die-Namics/Square Grid Cover-Up), 코픽 마커, 고무자석, 코르크 우드락, 탁상용 달력(21×22.5cm), 작은 나무토막, 긴 상자(5×32×5cm), 폼닷

★ 주요 기법

코픽 마커 컬러링, 다이 커팅처럼 가위질하기

★ 활용하기

작은 거울이나 달력 등을 메모 보드에 부착하면 기능적인 면을 더 보완할 수 있다. 탁상용 달력은 미니 앨범으로 활용하기에도 좋다.

스승의 날 감사 카드

1 탁상 달력의 월별 종이를 떼어내고 달력보다 5mm 작은 20.5×22cm로 고무자석판과 코르크 우드락을 준비한다.

2 스탬프 라인의 여백을 1~2mm로 일정하게 남기고 스탬핑한 이미지들을 가위로 자른다. 2개의 판에 스탬프 이미지들을 놓아보면서 메모 보드를 구성한다.

3 스탬핑한 이미지들을 코픽 마커 등으로 컬러링한다. 'thank you', 'teacher'와 사각 프레임도 다이 커팅해둔다.

4 작은 나무토막이나 상자의 크기만큼 고무자석을 잘라 붙여서 책상 위의 핀이나 클립 등을 보관할 수 있도록 한다. 나무토막이나 상자를 장식할 스쿨버스 스탬프 이미지 등도 컬러링한다.

5 달력 앞뒷면에 준비해둔 다이 컷과 스탬핑 이미지들을 폼닷을 이용하여 높낮이가 다르게 붙여 장식한다.

6 탁상용 달력을 세울 때 접히지 않도록 가운데 부분에 상자를 끼운다. 집에 있는 상자를 재활용하거나 하드보드지로 만들어 사용한다.

미니 초콜릿 박스

날이 추워지면 어김없이 수능의 계절이 다가온다. 수능을 앞둔 아이들에게 응원의 마음을 꾹꾹 눌러 담아 미니 초콜릿 박스를 만들어보자. 미니 피자 박스 다이는 쓸모가 많다. 메모지나 포스트잇을 함께 선물하면 초콜릿을 다 먹은 후에 메모지 박스로도 사용할 수 있다.

★ 준비물

6in 패턴지(Authentique/Durable), 마커 전용지, 에코 크라프트지(350g/m²), 매팅용 진회색 펄지, 스탬프(MFT/Straight to the Point, Packed with Positivity), 다이(Lifestyle Crafts/Mini Pizza Box), 코픽 마커, 히트 엠보싱 도구, 에나멜 닷, 글로시 악센트, 화이트 에나멜 악센트, 폼닷

★ 주요 기법

히트 엠보싱, 다이 커팅처럼 가위질하기, 클리어 스탬프를 자른 뒤 변형하여 사용하기

★ 활용하기

시험을 잘 치고, 잘 찍고, 잘 보고, 잘 들으라고 스탬프 이미지에 담긴 의미를 활용하여 응원의 마음을 전달하는 카드를 만들어도 재미있다.

수능 응원 카드

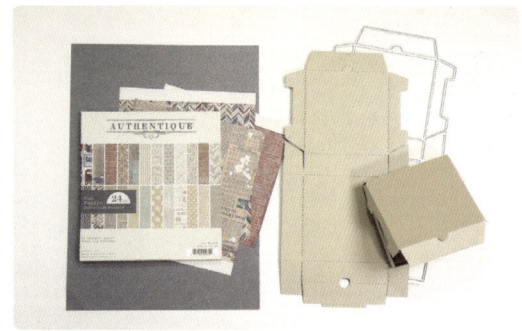

1 다이 템플릿을 이용하여 크라프트지를 자른 후 피자 박스 모양으로 접는다.

2 펄지는 10.5×10.5cm로 1장, 10.5×2.5cm로 4장 잘라서 상자에 붙이고, 패턴지는 사방 2mm씩 작게 잘라둔다.

3 스탬핑한 이미지는 패턴지의 색감과 어울리도록 코픽 마커로 컬러링한 다음 여백 1mm를 남기고 가위질한다.

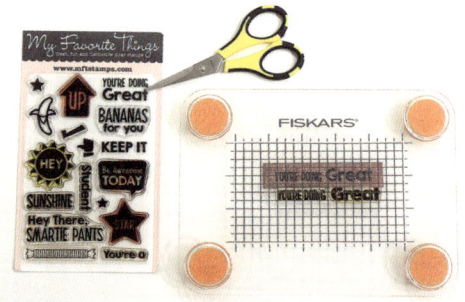

4 2줄로 된 'YOU'RE DOING GREAT' 클리어 스탬프는 가운데를 가로로 잘라 격자가 있는 아크릴 블록이나 MISTI에 길게 붙인다.

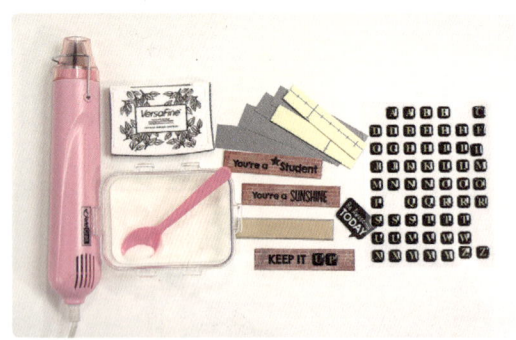

5 박스 옆면 패턴지에 메시지를 모두 스탬핑한 후 히트 엠보싱한다. 'KEEP IT UP' 중 'UP' 부분은 알파벳 스티커로 장식한다.

6 박스 윗면은 피시테일(Fishtail) 배너 다이 컷 위에 연필 든 소녀를 입체감 있게 장식하여 미니 초콜릿 박스를 완성한다.

졸업이란 마침표이자 또 다른 여정의 시작점이다. 졸업을 축하하고 앞날을 축복하는 작은 선물을 담을 쇼핑백을 장식해보자. 메시지를 담은 졸업 축하 카드도 좋지만 선물을 담을 수 있는 쇼핑백은 만드는 재미는 물론 받는 즐거움도 색다를 듯하다.

★ 준비물

색지와 패턴지(검은색과 금색), 스탬프(Technique Tuesday/Cap & Gown Seal), 다이(Spellbinders/Fleur De Lis Rectangles, Impression Obsession/295-R, 296-T, Kaiser Craft/Words-Be Happy, Words-Believe in Yourself, PS/Clipboards Dies), 작은 쇼핑백 2개, 히트 엠보싱 도구

★ 주요 기법

섀도 다이 커팅, 장식 태그 만들기

졸업 축하 카드

1 쇼핑백보다 조금 작게 패턴지를 자른다. 프레임을 다이 커팅한 후 프레임 다이를 매팅할 종이에 대고 연필로 그려서 자른다. 패턴지, 매팅할 종이, 프레임을 순서대로 겹쳐서 붙인다.

2 모양 다이로 이미지와 메시지를 3장씩(금색 2개, 검은색 1개/검은색 2개, 금색 1개) 자른다.

3 같은 색 다이 컷 2개를 겹쳐 붙여 단단하게 만들고, 아래쪽에는 다른 색 다이 컷을 살짝 비껴서 붙여 그림자 효과를 준다.

4 준비해둔 다이 컷을 장식하고, 손잡이 부분은 펀치로 뚫어둔다.

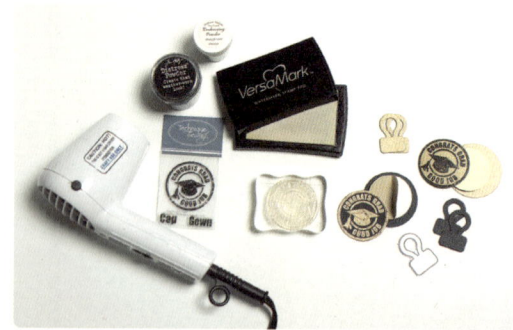

5 사각모 이미지를 워터마크 잉크로 스탬핑한 후 금색과 블랙 엠보싱 파우더로 히트 엠보싱한다.

6 쇼핑백에 패턴지를 붙이고 끈을 끼운다. 클립 다이 컷의 윗부분을 가위로 잘라 끈에 원형 태그를 매달아 장식한다.

생활소품

코스터

생활 속에서 자주 사용되는 소품으로, 다른 공예 분야에서도 많이 만든다. 여기서는 스탬프로 작업한 뒤 방수 마감하여 실용성을 더한 코스터를 소개한다.

★ 준비물

다양한 모양의 흰색 코스터(원형, 사각형, 스캘럽 모양), 스탬프(Tim Holtz/Fresh Brewed Blueprint), 유성 잉크 (Archival Ink Jet Black), 물감, 스프레이 잉크, 팔레트, 붓, 매트 바니시

★ 주요 기법

스프레이 잉크로 워터 컬러링하기, 매트 바니시로 마감하기

★ 활용하기

간단하게 만들어 선물하기 좋은 아이템이다. 음식과 관련한 주제뿐만 아니라 꽃, 계절 등의 이미지를 담아 미리 만들어두면 유용하다.

1 다양한 모양의 코스터에 유성 잉크로 스탬핑한다.
  코스터가 얇은 경우 2장을 붙여서 사용하면 좀 더 견고
  하다.

2 코스터보다 커서 밖으로 나온 스탬프 이미지
  (커피 수증기)는 잉크를 묻힌 후 포스트잇으로 가린 채
  스탬핑한다.

3 코스터의 배경을 펄 물감으로 컬러링한다. 납작한 붓을
  사용하면 스탬프 이미지와 배경의 경계가 깔끔하게
  나뉘어 채색하기 쉽다.

4 스탬프 이미지를 물감이나 스프레이 잉크로 워터 컬러링한
  후 충분히 말린다.

5 액체가 스며들지 않도록 매트 바니시를 앞뒤로 얇게
  칠하고 건조하는 과정을 여러 번 반복하여 마무리한다.

6 원형 코스터에 영문 종이를 붙인 후 그 위에 커피 이미지를
  스탬핑하고, 컬러링해둔 스탬프 이미지를 붙여 바니시로
  마감하면 또 다른 코스터를 만들 수 있다.

칸칸 서류 보드

평범한 사무용 서류 보드에 화사한 패턴지를 붙이고 메모 등을 보관할 수 있는 포켓 4개를 부착하여 변신을 시도해보자.

★ 준비물

A4 크기의 플라스틱 서류 보드, 패턴지(My Mind's Eye/Cambridge Court Paper Pack), 다이(Taylored Tall & Skinny 알파벳, 도일리), 와시테이프, 노란색 레이스, 흰색 폼폼 리본, 양면테이프, 2mm 양면 폼시트나 폼닷

★ 주요 기법

업사이클, 패턴지 페이퍼 팩의 종이 스티커로 장식하기

★ 활용하기

주방에서 요리 레시피를 담아두거나 쇼핑 리스트, 영수증을 보관하는 용도로 사용할 수 있다.

● ● ● ● ● 종이 스티커로 장식하기 ● ● ● ● ●

종이 스티커를 직접 붙이기보다는 흰 종이에 먼저 부착하여 여백을 두고 가위로 잘라서 사용하는 것이 좋다. 탄탄해지는 효과도 있고 흰 여백이 스티커를 시각적으로 좀 더 돋보이게 한다.

1 회색 서류 보드와 어울리는 화사한 패턴지를 22.5×30cm로 자른다. 포켓은 25×16.5cm, 25×14cm, 25×9cm, 25×6.5cm로 서류 보드보다 가로를 조금 길게 자른다.

2 둘째와 넷째 포켓은 윗편을 사선으로 4cm씩 잘라내어 변화를 준다. 장식을 겸하여 가장자리를 좀 더 단단하게 만들기 위해 같은 색감의 와시테이프를 발라준다.

3 메모를 넣을 수 있도록 가장자리 3면에만 1cm 폭으로 양면 폼시트를 바르고 포켓 4개를 차례대로 겹쳐서 붙인다.

4 패턴지 페이퍼 팩의 종이 스티커들을 흰색 종이에 붙인 후 가위로 잘라 서류 보드를 장식한다.

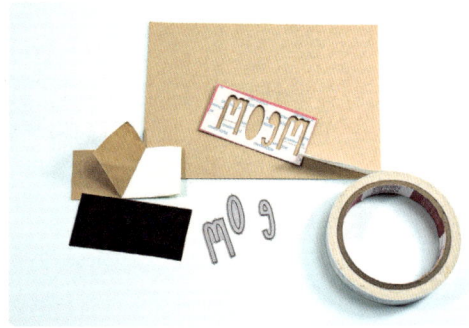

5 종이 뒷면에 양면테이프를 바르고 알파벳 모양 다이로 커팅하여 보드의 클립 부분에 'memo'를 붙인다.

6 노란색 레이스, 흰색 폼폼 리본, 와시테이프 등으로 장식하여 마무리한다.

MDF
티슈
케이스

MDF 반제 제품을 이용한 작업은 늘 즐겁다. 밋밋했던 제품이 스탬프를 활용하여 작업하고 나면 실용성을 갖춘 소품으로 변신하기 때문이다. 서재나 공부방과 어울리도록 책 모양의 다이를 이용하여 티슈 케이스를 만들어보자.

★ 준비물

MDF 반제 직사각형 상자(25.5×13×13cm), 패턴지(K & Company/Par Avion), 금색 색상지, 두꺼운 크라프트지, 스탬프(Papertreyink/Bibliophile, Clearly Besotted/BookwormII), 다이(Marianne/Anja's Vintage Decoration, PTI/Fancy Bookends), 젬스톤, 블랙 엠보싱 파우더, 히트 툴, 3mm와 1mm 양면 폼시트나 폼닷, 스펀지 도버, 글로시 악센트

★ 주요 기법

다이 커팅, 히트 엠보싱, 스펀지 도버로 에징하기, 폼시트의 높이 조절로 볼륨감 주기

★ 활용하기

또렷한 이미지의 블랙 히트 엠보싱 대신 골드 엠보싱을 하면 좀 더 고풍스럽고 빈티지한 느낌이 난다. 티슈 케이스의 각 면에 스크랩북을 응용하여 가족사진을 장식하면 홈 인테리어 효과도 겸할 수 있다.

1 크라프트지를 MDF 상자의 각 면에 맞추어 25.5×13cm로 3장, 13×13cm로 2장 자른다. 티슈가 나오는 타원 부분은 상자를 대고 연필로 그린 후 칼로 오려낸다.

2 패턴지도 MDF 상자의 각 면 크기에 맞추어 잘라둔다.

3 크라프트지의 각 앞면에 패턴지를 양면테이프로 붙여 튼튼하게 만든다.

4 여러 개의 책등을 다이 커팅하여 엠보싱 잉크패드로 스탬핑한 후 블랙 엠보싱 파우더를 뿌려 히트 엠보싱한다. 책등의 세로 방향 가장자리 안쪽에 책보다 조금 짙은 색감의 잉크를 스펀지 도버로 에징하여 볼륨감을 준다.

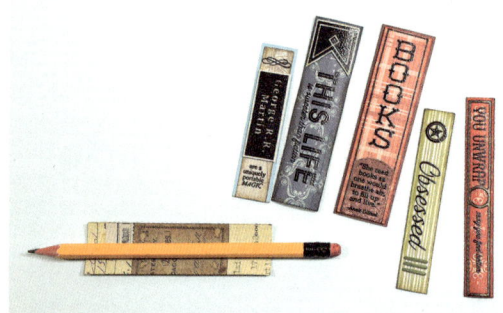

5 책등 모양을 가로로 놓고 연필로 둥글게 감아 가운데 부분을 볼록하게 만든다. 책 선반은 진한 고동색 색상지를 25.5×1cm로 잘라 상자 아랫부분에 길게 붙여준다.

6 금색 종이에 저널 태그를 스탬핑한 후 블랙 엠보싱 파우더를 뿌려 히트 엠보싱한다. 저널 태그를 자르고 뒷면에 양면 폼시트를 붙여 진한 금색 종이에 매팅한다.

7 티슈 케이스의 윗면과 옆면을 다이 컷과 젬스톤 등으로 장식한다.

8 볼록한 느낌을 살리기 위해 책등 가운데에는 3mm, 가장자리에는 1mm 양면 폼시트를 붙인다. 장식해둔 패턴지들을 MDF 판제 상자에 붙여 티슈 케이스를 완성한다.

활용
작품

크리스마스를 주제로 만든 MDF 티슈 케이스

동물농장을 주제로 만든 MDF 티슈 케이스

재활용 우편함

단단하고 고급스러운 포장 상자는 재활용하기 좋은 재료라 버리지 못하고 자꾸만 모아두게 된다. 손수건이 담겼던 상자를 이용하여 스탬프와 다이로 장식한 쉐비풍 우편함을 소개한다.

★ 준비물

위가 뚫린 상자 2개, 하드보드지(14×25cm) 2장, 메일 관련 스탬프들, 잉크(Memento/Tuxedo Black), 다이(Tim Holtz/Baroque, Key Hole), 엠보싱 파우더(Stampendous/Shabby Pink, Shabby Blue), 흰색 젯소, 모델링 페이스트, 아크릴 물감(분홍색, 연파란색), 폼 브러시, 워터마크 잉크, 엠보싱 에나멜 파우더, 콜라주 페이스트, 접착제, 메탈 이음쇠 장식

★ 주요 기법

히트 엠보싱, 스탬핑 콜라주, 부분 다이 커팅

★ 활용하기

재활용 상자 대신 MDF 반제 우편함을 이용하면 좀 더 쉽게 작업할 수 있다. 현관에 걸어두고 우편함이나 영수증함, 메모지 보관함 등으로 사용한다.

★ 만드는 방법

1. 상자 크기에 맞추어 뒷면에 붙일 하드보드지를 14×25cm로 자른다.
2. 바로크 빅즈 다이의 가운데까지만 하드보드지를 얹고 부분 다이 커팅한다. 고리를 걸 수 있도록 키 홀 다이로 구멍을 뚫는다.
3. 다이 커팅한 하드보드지를 상자 뒷면에 접착제로 붙여 우편함의 뒤판을 만든다.
4. 흰색 젯소를 발라 상자의 무늬를 가린 다음, 그 위에 모델링 페이스트를 발라 질감을 더한다.
5. 상자 가장자리에 분홍색과 연파란색 아크릴 물감을 폼 브러시로 톡톡 발라준다.
6. 워터마크 잉크를 상자에 대충 바르고 에나멜 엠보싱 파우더를 뿌려 히트 툴로 히트 엠보싱한다.
7. 메일을 주제로 한 스탬프 이미지들을 콜라주 페이스트나 접착제를 이용하여 보기 좋게 콜라주하고, 메탈 이음쇠로 장식하여 마무리한다.

열쇠걸이 액자

열쇠를 찾아 집 안을 뒤진 경험은 누구에게나 있을 것이다. 내 손으로 직접 만든 열쇠걸이가 우리 집 현관에 예쁘게 자리 잡고 있다면 열쇠를 잃어버리는 일이 조금은 줄어들지 않을까? 앤티크한 열쇠들을 메인 장식으로 사용하여 'Love is the Key to Happiness'라는 의미가 담긴 열쇠걸이 액자를 작업해보았다.

★ 준비물

흰색 색상지, 패턴지(7Gypsies/Canopie, Basic Grey/Basics White), 스탬프(Paperbag Studios/Doodles & Daters, Flourish, Mama Elephant/Words Defined), 다이(Waffle Flower/Doily Circle), 스텐실(MFT/Concentric Circle, TCW/Mini Texturized), 흰색 젯소, 모델링 페이스트, 스프레이 잉크(분홍색, 연파란색), 검은색 잉크, 메탈 장식(K & Company/Metal Art, Teresa Collins/Collins Keys, Prima Marketing/Vintage Clock Face), 반원 장식(젬스톤, 반진주 등), 12in 나무액자, L자 고리 4개

★ 주요 기법

믹스드 미디어, 빈티지 스탬핑 디스트레스, 메탈 장식 디스트레스, 잉크 스프레이로 스텐실링하기, 엠보싱 스텐실링으로 텍스처 주기

1 12in 크기의 종이에 스탬프와 메탈 키 등을 이리저리 놓아보며 작품을 구상한다.

2 패턴지에 집 이미지들을 검은색 잉크로 스탬핑한 후 클리어 엠보싱 파우더를 뿌려 히트 엠보싱한다.

3 스탬핑한 집 이미지의 여백을 2mm 정도 남겨두고 가위질한다. 디스트레싱 툴로 가장자리를 긁어 낡은 느낌을 준 후, 파스텔 톤의 물감이나 잉크로 워터 컬러링한다.

4 키 9개는 아크릴 대버를 대충 칠하거나 갈색 디스트레스 엠보싱 파우더를 뿌려 히트 툴로 가열하고 긁어주는 등의 방법으로 디스트레스한다. 키 3개는 콜라주 페이스트를 발라 영문 종이에 붙인 다음 마르면 종이 부분을 살살 떼어내어 스프레이 잉크를 뿌린다.

5 흰색 색상지에 젯소를 얇게 펴 바르고 연파란색과 분홍색 스프레이를 군데군데 뿌린다. 시계를 붙일 자리에 방사형 스텐실 템플릿을 대고 연파란색 스프레이를 뿌린 다음, 미니 스텐실 템플릿을 이용하여 모델링 페이스트를 발라 질감을 더한다. 마르면 배경을 스탬핑한다.

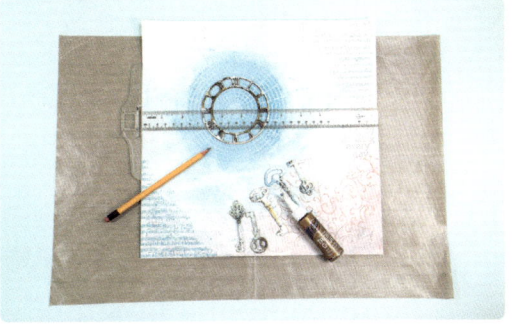

6 메탈 시계 모형을 접착제로 붙인 후 T자를 이용하여 12등분한 선을 연필로 그린다. 시침 방향으로 열쇠들을 붙이고, 오른쪽 아랫부분에는 집 이미지들을 겹쳐서 붙인다. 다이 커팅한 'Love'를 시계 가운데 붙이고, 오른편에는 'happiness'를 스탬핑한다.

7 12in 액자 프레임의 안쪽 옆면은 폼 브러시로 연파란색 아크릴 물감을 칠한다. 액자 프레임에 맞게 패턴지를 자르고 가장자리에는 블렌딩 툴로 연파란색 잉크를 에징한다.

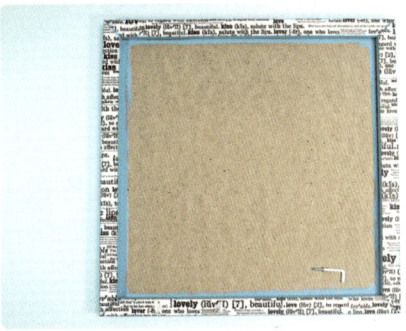

8 준비해둔 패턴지를 양면테이프로 붙여 액자를 장식하고 아랫부분에 L자 고리 4개를 돌려 끼워 열쇠를 걸 수 있도록 한다.

Altenew사의 Watercolor Wonders 클리어 스탬프를 보자마자 핀란드 디자인회사 마리메꼬(Marimekko)의 꽃무늬 패브릭이 떠올랐다. 스탬프의 이름처럼 수채화 느낌으로 작업해도 근사하겠지만, 마리메꼬 디자인의 분홍과 밝은 주황이 어우러진 색감을 살려 꽃 이미지를 또렷하게 스탬핑한 패브릭 가방 만들기에 도전해보았다.

마리메꼬의 꽃무늬 패브릭

★ 준비물

스탬프(Altenew/Watercolor Wonders), 패브릭 잉크(VersaCraft/노란색, 분홍색, 살구색, 진분홍색, 주황색, 연두색), 정인아트 패브릭 가방(31×38cm), 패브릭 파우치(20×14cm), VersaMatic(초크 잉크와 피그먼트 잉크가 믹스된) 리필 잉크, 잉크 리프레셔(Ranger/Ink Refresher), 컬러링 브러시 펜(Tsukineko/Fantastix), 다리미

★ 주요 기법

패브릭 염색, 레이어링 스탬핑, 스탬핑 수정하기

★ 활용하기

패브릭 잉크 대신 성분이 유사한 피그먼트 잉크나 아크릴 물감으로도 염색 효과를 낼 수 있다. 완전히 마른 후에 뜨겁게 다림질하는 것이 중요하다.

● ● ● ● 패브릭에 스탬핑하기 ● ● ● ●

패브릭 결이 고울수록 잘 찍힌다. 잉크패드가 말라 있다면 잉크 리프레셔를 뿌려두었다가 충분히 흡수된 후에 스탬핑한다. 천의 두께가 얇은 경우엔 안쪽으로 두꺼운 종이를 깔아 반대편 천에 잉크가 배어나지 않도록 주의한다.

1 스탬프 포장 뒷면에 있는 스탬핑 가이드를 따라 꽃을 종류별로 모아 아크릴 블록 위에 분류하여 붙여둔다.

2 종이나 광목에 꽃송이들을 차례대로 겹쳐 찍는 스탬핑을 연습해본다.

3 패브릭을 다림질하여 표면을 정돈한 다음, 꽃과 나뭇잎 이미지를 연한 색부터 시작하여 진한 색으로 레이어링 스탬핑한다.

4 뾰족한 면봉이나 브러시 펜에 잉크를 묻혀 스탬핑이 잘 안 된 부분을 수정한다.

5 샤프 속대를 이용하여 자잘한 동그라미를 꽃술 부분에 스탬핑한다. 잉크가 완전히 건조된 후 뜨겁게 달궈진 다리미로 다리면 물에 씻기지 않는, 염색된 꽃무늬 패브릭 가방이 완성된다.

6 무지로 된 파우치도 같은 방법으로 스탬핑하고 수정하여 꽃무늬 패브릭 가방과 세트로 만든다.

플래너

휴대전화 일정관리의 편리함에 익숙해진 지 오래지만 아날로그 감성이 충만한 예쁜 수첩이나 다이어리, 플래너는 늘 눈길을 끈다. 플래너에 작은 이미지가 새겨진 플래너용 스탬프들을 콩콩 찍어가며 일정을 기록해보자. 한 해가 지나고 삶의 흔적이 가득 채워진 플래너를 보면 스스로 대견할 것이다.

★ 준비물

플래너(월간, 주간, 일간 중 본인에게 맞는 것), 문구점에서 판매하는 다이어리용 스탬프나 플래너용 스탬프, 다양한 색상의 미니 잉크패드, 펜

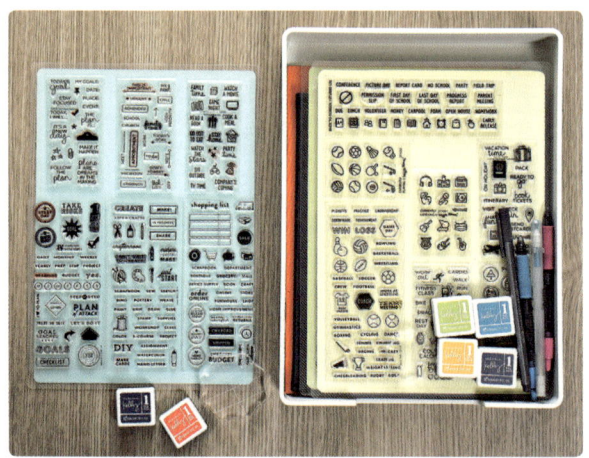

소소한 TIP

플래너용 스탬프는 한눈에 보면서 뗐다 붙였다 할 수 있도록 A4 크기의 필름지나 아세테이트지에 부착해둔다. 바구니 속에 플래너, 스탬프, 잉크, 펜 등을 함께 보관하는 것도 좋은 방법이다. 작은 스탬프들은 분실하기 쉬우므로 사용하자마자 바로 정리하는 습관을 들인다.

PART 4

스탬프 아트로 장식하다

홈 데코
사계절 데코
특별한 날의 데코
특별한 장소의 데코
선물과 포장

홈 데코

Home & Home

가정이란 따뜻하고 편안한 안식처가 되는 곳이다. 스탬프 작업을 하면서 가장 많이 접근해본 주제이기도 하다. 귀여운 아이들이 손 벌려 환영하고 새들의 둥지같이 아늑한 'HOME'이라는 콘셉트로 아코디언 형태의 장식을 만들어보았다. 홈 오너먼트도 함께 소개해본다.

★ 준비물

6in 패턴지(My Mine's Eye/Indie Chic), 두꺼운 크라프트지, 스탬프(Jane's Doodles/Neighborhood, Kelly Purkey/Home Sweet Home, Neat & Tangled/Better Together, Clearly Besotted/Some Birdie Loves You 등), 다이(Sizzix/Album, Accordion Flip 3D, Memory Box/Typewriter Upper Alphabet Craft Dies, IO/Twig Wreath), 검은색 잉크, 글로시 악센트, 글리터 글루, 글리터 브러시(Wink of Stella Brush), 클리어 엠보싱 파우더, 장식(블랙 젬스톤, 단추 4개)

★ 주요 기법

빅즈 다이 커팅, 페이퍼 피싱

★ 활용하기

씨직스의 빅즈 다이가 없더라도 하드보드지를 사방 12cm의 정사각형 4개로 잘라 아코디언 앨범처럼 이어서 스탠딩 장식품을 만들 수 있다.

1 씨직스의 빅즈 다이로 크라프트지와 패턴지를 4장씩 자른다.

2 패턴지를 크라프트지에 붙여 단단하게 만들고, 미니 도버나 블렌딩 툴을 이용하여 각 면의 가장자리를 잉킹한다.

3 페이퍼 피싱할 부분은 패턴지에 스탬핑하고, 나머지는 흰색 종이에 스탬핑하여 마커로 칠한 후 가위로 자른다.

4 알파벳과 리스 모양을 다이 커팅한다.

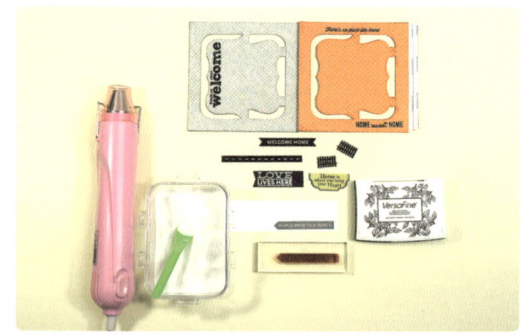

5 각 면에 장식할 메시지와 이미지 등을 검은색 피그먼트 잉크로 스탬핑한 후, 클리어 엠보싱 파우더로 히트 엠보싱 하고 가위로 자른다.

6 각 면에 스탬핑 이미지와 다이 컷 등을 붙이고, 글리터 브러시로 칠하거나 글로시 악센트와 글리터 글루 등을 발라 반짝임을 더한다. 작은 단추와 블랙 젬스톤으로 장식한다.

활용
작품

재활용 상자와 DIY
폼 스탬프로 만든
오브제

MDF 알파벳으로
만든 HOME 장식

집 모양 장식품에
영감을 받아 만든
HOME 태그

자동차 띠벽지

아이들 방에 포인트가 될 띠벽지를 엄마가 직접 만들어주거나 아이와 함께 만들어보면 어떨까? 아이들의 꿈과 상상력을 키워줄 띠벽지를 자동차 패턴이 반복되는 느낌으로 스탬핑해서 만들어보자.

★ 준비물

4절 흰색 마시멜로지(54×39cm), 4절 색상지(주황색, 청회색), 스탬프(Technique Tuesday/Happy Ville-Cars, Happy Ville-Travel), 다이(Paper Smooches/Backdrop Builders, Taylored Expressions/Build a Scene on the Road, MFT/World Traveler), 유성 잉크(Ranger/Archival), 글로시 악센트, 스파클 엠보싱 파우더, 글리터 브러시(Zig/Wink of Stella Brush)

★ 주요 기법

패턴 스탬핑, 스탬핑 이미지에 스파클 히트 엠보싱하기, 스탬핑과 같은 모양 다이 컷 활용하기

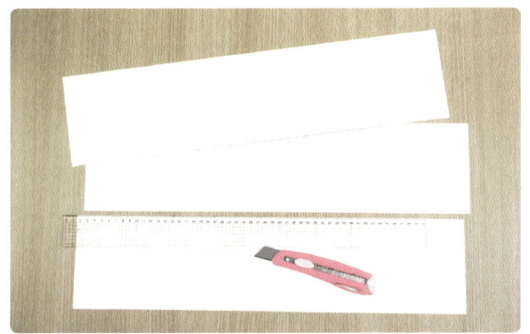

1 4절 흰색 마시멜로지를 가로로 3등분하여 자르고 길게 이어 붙인다.

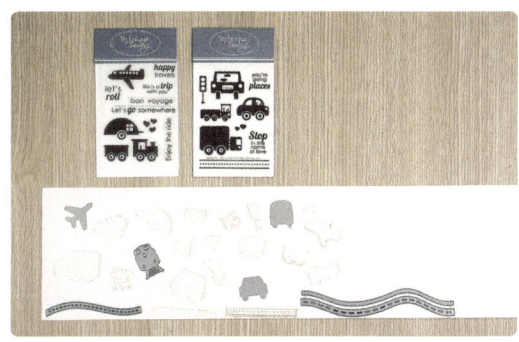

2 자동차 스탬프와 다이 템플릿을 종이에 직접 놓아보며 띠벽지의 디자인을 구상한다.

3 원하는 색감의 색상지 뒷면에 2mm 양면 폼시트를 바른 후 자동차와 찻길 모양 다이로 커팅한다.

4 띠벽지의 아랫부분에 찻길 모양 다이 컷을 먼저 붙인 후, 왼편부터 일정한 간격으로 스탬핑하며 공간을 채워 나간다. 이때 자동차 다이 컷도 사이사이에 붙여준다.

5 스파클 히트 엠보싱과 글리터 브러시 등으로 다양한 질감과 반짝임을 주어 장식한다.

6 완성된 띠벽지 윗부분에는 주황색, 아랫부분에는 연파란색 색상지를 길게 잘라 매팅하고 작업을 마무리한다.

●●●● 스탬핑 이미지에 히트 엠보싱하기 ●●●●

스탬핑이 끝난 이미지에 다시 엠보싱용 잉크로 스탬핑하고 글리터 엠보싱 파우더를 뿌려 히트 툴로 가열하면 입체 효과와 함께 반짝임이 더해져서 시각적인 재미를 줄 수 있다.

★ 활용하기
  띠벽지로 사용하는 대신 침대나 가구의 한 부분을 장식해도 아이들 방에 잘 어울린다.

띠벽지와 세트로 만든 자동차 카드

네임 보드

방문 앞에 걸려 있는 네임 보드는 그 방의 주인을 알려주는 작은 표시다. 집의 전체적인 분위기와 어울리게 만들면 홈 인테리어의 한 부분이 될 수 있다. 짙은 고동색 책상과 빈티지한 책들이 가득 꽂힌 서가를 떠올리며 네임 보드를 작업해보자.

★ **준비물**

똑같은 패턴지 2장(7Gypsies/Collections from the Journey), 검은색 색상지, 스탬프(Kaiser Craft/Time Machine, Hero Arts/Special Time, Clearly Besotted/Fancy Feathers), 다이(Die-Namics/Deco B, Deco D), 장식 다이(왕관, 수염, 열쇠, 기어 등), 골드 엠보싱 파우더, 장식(Tim Holtz/Buckles, 메탈 브래드, 젬스톤 등), 다양한 질감의 금색 손잡이용 끈, 두꺼운 크라프트지

★ **주요 기법**

다이 컷을 겹쳐 붙여 칩보드 만들기, 나머지 다이 컷과 다이 컷을 연결하여 장식하기, 에징하여 깊이감 주기, 검은 배경에 골드 엠보싱하기

★ **활용하기**

혼자 자는 걸 무서워하는 아이와 함께 자신의 이름이 들어간 네임 보드를 만들어 장식한다면 자기 방에 애착을 갖는 좋은 계기가 될 수 있다. 나머지 다이 컷에 팝업된 다이 컷을 퍼즐처럼 끼워두고 장식이 이어지도록 하는 것은 광고에서 볼 수 있는 기법으로 시선을 모으는 효과가 있다.

1 8in 패턴지 한가운데에 6in 흰 종이를 놓고 대각선을 그려 중심을 잡은 후 알파벳 이니셜의 자리를 잡아둔다.

2 8in 패턴지에 1in 두께의 프레임을 남기고 오려낸 6in 패턴지를 알파벳 B, D 모양 다이로 커팅한다.

3 두께감을 주기 위해 크라프트지를 알파벳 다이로 10장씩 자르고 접착제로 겹쳐 붙여 칩보드처럼 만든다.

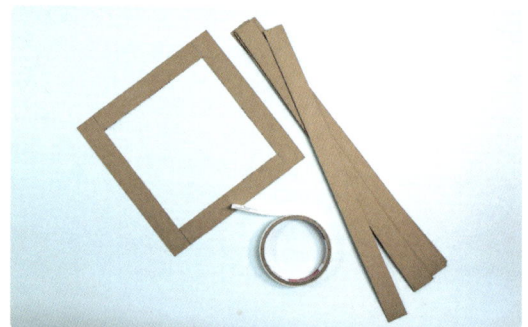

4 액자의 프레임도 알파벳 다이 컷과 같은 높이가 되도록 크라프트지를 잘라 겹쳐서 붙여준다. 높이를 맞추기 위해 두꺼운 폼보드를 사용해도 무방하다.

5 높이감이 생긴 알파벳 옆면과 프레임 옆면에 원하는 색감의 아크릴 물감을 바른다.

6 패턴지에 커팅해둔 알파벳을 크라프트지로 만든 칩보드 위에 붙이고 디스트레스 잉크로 에징하여 깊이감을 준다.

7 똑같은 무늬의 패턴지로 액자 뒤판을 만들고 블렌딩 툴로 에징한다.

8 액자 뒤판에 기어 이미지를 스탬핑하고 기어 모양 다이 컷을 붙인다. 그 위에 알파벳 칩보드를 부착한 후, 뒤판과 이어지도록 알파벳 칩보드에도 기어 다이 컷을 붙이고 기어 이미지를 스탬핑한다.

9 검은색 색상지에 워터마크 잉크로 스탬핑하고 골드 엠보싱 파우더를 뿌려 히트 엠보싱한다.

10 스탬프 이미지와 다이 컷, 메탈 참 등으로 장식하고 다양한 재질의 금색 끈으로 고리를 만들어 보드 뒷면에 고정한다.

화장실
안내판

스탬프의 주제는 그야말로 우리 삶만큼이나 다양하다. 그중에서도 화장실을 의미하는 스탬프를 골라 안내판을 만들어보자. 장난꾸러기 고양이가 휴지를 온몸에 둘둘 말고 있는 코믹한 이미지는 너무나 사랑스럽고 귀엽다. 집에 온 손님이 화장실을 찾다가 재미난 화장실 안내판을 보고 미소 짓는 모습이 떠오른다.

★ 준비물

8in 패턴지(Making Memories/Just Chillin), 하드보드지, 스탬프(Newton's Nook Designs/Naughty Newton, Unity Stamp/Crappy Day), 다이(3×4in 사각 프레임 다이, Taylored Expressions/Notepaper & Clipboard), 장식(Hero Arts/Assorted Sequins, 아일릿 4개, Nuvo/크리스털 드롭스), 글리터 브러시 마커(Zig/Wink of Stella Brush), 끈(다이소/1mm Aluminum Wire), 코픽 마커, 폼닷, 펀치(We R Memory Keepers/아일릿 펀치, 코너 펀치)

★ 주요 기법

아일릿 장식, 유성 마커 컬러링

활용 작품

★ 만드는 방법

1. 하드보드지와 패턴지를 10.5×20cm로 잘라 패턴지에 하드보드지를 매팅한 후, 코너 펀치로 둥글게 펀칭하여 안내판 배경을 만든다.
2. 고양이와 화장지 이미지 등을 스탬핑하여 마커 컬러링하고 가위로 자른다.
3. 안내판 배경에 사각 프레임 다이 컷을 붙이고 고양이와 화장지 등 컬러링한 이미지들을 폼닷으로 입체감 있게 붙여준다.
4. 안내판의 윗부분과 화장지 이미지를 매달 곳에 아일릿 펀치로 구멍을 뚫고 아일릿을 끼워 고정한 후, 알루미늄 와이어를 연결한다.
5. 배경에 작은 시퀸스를 접착제로 붙이고 누보 드롭스를 짜서 장식한다.
6. 컬러링해둔 고양이에 글리터 브러시 마커를 칠해 반짝임을 더하고 마무리한다.

커다란 드럼통이 빙빙 돌아가고 있는 세탁기를 떠올리며 세탁실 안내판을 만들어보자. 잔뜩 쌓인 빨랫감을 'Loads of Fun'이라 하고, 세탁기를 'Love Machine'이라고 하는 등 위트 있는 영어 표현을 보는 것도 스탬프의 매력 중 하나다. 더러워진 옷들이 가득한 세탁실일지라도 사랑으로 가득 채워져서 빙빙 돌아가길 바라는 마음으로 즐겁게 작업해보자.

★ 준비물

흰색 마커 전용지, 패턴지(Teresa Collins/Memories, Kaiser Craft/Base Coat), 아세테이트지, 은색 펄지, 스탬프(Lawn Fawn/Loads of Fun, Paper Smooches/Squeaky Clean, Hero Arts/Circle Uppercase Alphabet), 다이(My Creative Time/Stitched 3×4 Journal Die), 잉크(Versafine Black, 다이 잉크), 장식(하트 젬스톤, 반진주, 투명 시퀸스, 흰색 아일릿 2개 등), 끈(다이소/1mm Aluminum Wire, 실버 리본), 흰색 크래프트 폼, 코픽 마커, 엠보싱 툴 파우더, 펀치(We R Memory Keepers/아일릿 펀치, 코너 펀치, ¾ 서클 펀치), MISTI, 글로시 악센트

★ 주요 기법

셰이커 기법, 마커 컬러링과 패턴지 컬러링

● ● ● ● 알파벳으로 타이틀 만들기 ● ● ● ●

알파벳 다이 컷이나 스티커 등으로 글을 만들 때는 T자로 수평을 잡고 첫 글자와 마지막 글자 양쪽에서 같이 시작해야 간격을 맞추기 쉽고, 자리가 부족하거나 남는 실수를 줄일 수 있다.

1 패턴지 3장을 3×4in로 잘라두고, 흰색 종이에 세탁실과 관련된 이미지들을 스탬핑하여 가위로 자른다.

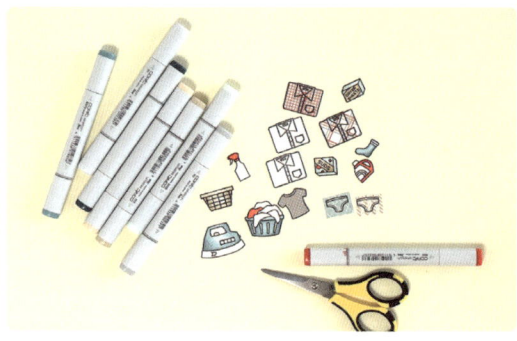

2 와이셔츠 이미지 등은 패턴지에 스탬핑하여 자르고, 세탁실과 관련된 이미지는 마커 컬러링한다.

3 3개의 사각형 패턴지에 세탁실과 어울리는 내용의 저널을 스탬핑한다.

4 세탁통 부분은 칼로 오려내고 세탁기보다 조금 작게 아세테이트지와 크래프트 폼을 잘라둔다. 크래프트 폼도 원형과 하트 모양을 뚫어둔다.

5 세탁기 뒷면에 아세테이트지와 모양을 뚫어낸 크래프트 폼을 겹쳐 붙인 후 양말, 팬티 등의 이미지와 투명 시퀸스, 하트 젬스톤을 넣고 은색 펄지를 뒷면에 부착한다. 이때 하트 젬스톤 뒷면에 엠보싱 툴 파우더를 발라 끈적임을 제거하여 세탁통에서 흔들릴 수 있도록 한다.

6 세탁기와 컬러링한 이미지를 3개의 패턴지에 장식한 후, 뒷면에 크래프트 폼을 붙여둔다.

 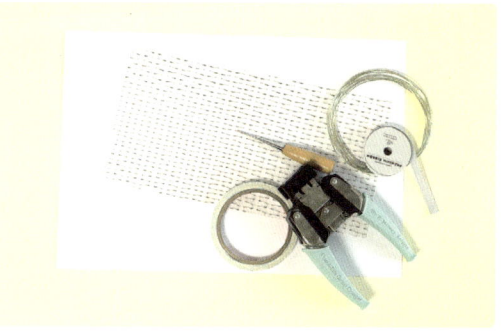

7 세탁실의 타이틀인 'LAUNDRY ROOM'을 원형 알파벳 스탬프로 스탬핑한 후 ¾in 서클 펀치로 자르고 글로시 악센트를 발라 입체감을 준다.

8 패턴지와 하드보드지를 25×14cm로 잘라 겹쳐 붙이고 코너 펀치로 둥글게 모양을 낸 안내판 배경을 만든다. 양쪽에 구멍을 뚫고 알루미늄 와이어로 연결한 후 세탁실 타이틀과 사각 패턴지 3개를 입체감 있게 붙여 작업을 마무리한다.

Art Impressions사의 Messy House 스탬프로 만든 작품

싱싱 채소 주방 액자

귀엽고 통통한 채소 스탬프 이미지로 주방을 장식할 수 있는 액자를 만들어보자. 따로 컬러링할 필요 없이 밝은 색감의 색상지에 스탬핑한 이미지들로 패턴을 만들어 주방에 생동감을 불어넣는 효과를 낼 수 있다.

★ **준비물**

색상지(12in 아이보리색, 노란색, 살구색, 주황색, 빨간색, 연두색, 초록색, 보라색), 스탬프(Paper Smooches/Vegetables, Hero Arts/Stamp Your Own Salad, Jillibean Soup/Fresh Vegetable Soup), 잉크(Versafine Black), 클리어 엠보싱 파우더, 글로시 악센트, 히트 툴, 스코어링 보드, 본 폴더

★ **주요 기법**

히트 엠보싱, 색상지 컬러링, 패턴 만들기, 스코어링 보드로 라인 엠보싱하기

★ **활용하기**

준비된 스탬핑 이미지들로 패턴을 만들 때는 조밀한 간격으로 붙이는 것이 시각적 효과가 더 크다.

1 채소와 어울리는 색상지에 검은색 잉크로 스탬핑하고 클리어 엠보싱 파우더를 뿌려 히트 엠보싱한 후 필요한 만큼 가위로 잘라둔다.

2 따로 잘라둔 연두색 잎사귀를 각 채소의 잎 부분에 접착제로 붙인다.

3 다이 커팅한 배너 모양에 채소와 관련된 내용의 저널을 스탬핑하고 히트 엠보싱하여 자른다.

4 배경에 준비된 스탬핑 이미지들을 이리저리 놓아보며 패턴을 구상한다.

5 12in 색상지를 스코어링 보드에 놓고 ¼, ⅜in 선을 따라 본 폴더로 그어 각 테두리에 엠보싱된 프레임 효과를 준다.

6 스탬핑 이미지들을 가장자리부터 양면 폼테이프로 입체감 있게 붙여 주방 액자를 마무리한다. 이때 T자를 이용하면 수평과 수직을 맞추기 편리하다.

사계절 데코

봄

추운 겨울을 이겨내고 뾰족이 내미는 투명한 연둣빛 새싹도 예쁘고, 따스한 햇볕에 졸음이 쏟아지는 오후의 한때도 좋고, 자그마한 꽃망울을 자랑하는 들판의 봄도 아름답다. 봄날은 상상하는 것만으로도 왠지 마음이 포근해진다. 봄의 여러 풍경을 커다란 정사각형 상자의 각 면에 담아 인테리어 장식품으로 사용해보자.

★ 준비물

재활용 상자(25×25×25cm), 12in 패턴지, 색상지, 스탬프(봄 풍경과 동물 스탬프), 다이(울타리, 구름 등), 벚꽃 몰딩 틀과 클레이(Martha Stewart/흰색, 분홍색, 노란색, 초록색, 갈색), 코픽 마커, 보더 펀치, 붓

★ 주요 기법

몰딩 틀을 이용하여 벚꽃 만들기

★ 만드는 방법

1. 상자의 옆면과 윗면 크기에 맞게 패턴지를 25×25cm로 5장 자른다.
2. 봄의 풍경을 스탬핑하고 컬러링하여 각 면을 구성하고 폼닷 등으로 입체감 있게 붙인다.
3. 상자 윗면의 패턴지는 가장자리를 보더 펀치로 잘라 준비하고, 코너엔 패턴지를 찢어서 붙여준다.
4. 벚꽃 몰딩 틀에 종이 클레이를 눌러 담고 표면을 정돈한 후 벚꽃 모양을 꺼내서 말린다.
5. 윗면 패턴지의 한가운데에 클레이 벚꽃과 나뭇가지를 입체감 있게 붙이고, 가장자리에는 벚꽃이 흩날리는 모습으로 장식한다.
6. 봄과 동물 스탬핑 이미지로 장식한 각 배경을 상자 옆면에 양면테이프로 붙여 마무리한다.

여름

뜨거운 태양이 내리쬐는 무더운 날일지라도 아름드리나무 아래에서 책도 읽고 새콤달콤 시원한 음료수를 마실 수 있다면, 그리고 한여름의 풍경을 담아낼 스탬프가 있다면 폭염이 제아무리 위세를 떨친다 해도 두렵지 않다. 물고기 스탬프, 시원한 음료수 스탬프 등으로 여름날의 풍경을 담은 작품을 소개한다.

활용 작품

가을

무더위가 물러난 초가을의 선선한 바람도 좋고 늦가을의 바스락거리는 낙엽 소리도 좋다. 풍성한 수확을 기다리는 농부의 설렘도 우리를 품어주는 대자연의 선물인 듯하다. 문득 낙엽이 물들어가는 가을의 멋진 모습을 종이에 담을 수 있는 것도 스탬퍼에게는 자연이 주는 작은 행복이란 생각을 하며 가을을 표현한 작품을 소개한다.

늦가을에 서리가 내린 느낌으로 표현해본 미니 태그 앨범

팀홀츠의 낙엽 스탬프로 만든 코스터

겨울

요즘은 겨울의 추위가 예전만큼 매섭지 않지만 그래도 한파가 몰아치는 날이 계속되면 꼼짝하지 않고 따뜻한 집에서만 머물게 된다. 함박눈이 내리면 추위는 아랑곳하지 않고 동네가 시끌벅적하게 눈싸움을 하고 눈사람도 만들던 어린 시절이 그립다. 어느 추운 겨울날, 꼼지락거리며 스케치한 겨울날의 풍경을 소개한다.

활용 작품

블로그 타이틀로 사용하기 위해 만든 펭귄 가족의 겨울 나들이

특별한 날의 데코

밸런타인 퀼트

밸런타인데이는 연인에게는 물론이고 가족, 친구, 동료에게 평소에 표현하지 못했던 마음을 전할 수 있는 날이다. 갈고닦은 솜씨를 뽐낼 수 있으니 크래프터의 손길이 분주한 때이기도 하다. 스탬프와 다이 등을 이용하여 '한 땀 한 땀 사랑을 바느질한다'는 콘셉트로 밸런타인 퀼트를 만들어보자. 분홍빛 가득한 퀼트 액자를 걸어두면 1년 내내 사랑이 퐁퐁 솟아나지 않을까?

★ 준비물

6in 패턴지(Carta Bella/Amour, Authentique/Pretty, Smitten), 색상지(흰색, 분홍색, 빨간색, 민트색, 검은색), 흰색 종이(32.5×53.5cm), 펄지(은색, 빨간색), 펠트지(분홍색, 회색), 스탬프(Hot off the Press/Pin Cushion), 다이(Die-Namics/Diagonal Quilt Square Cover-Up, 스티치 정사각형 다이, Waffle Flower/Stitched Hearts, My Creative Time/Stitched Scallop Heart, Chunky Jar Accessories Set, 저널 다이 등), 양면 시트지, 폼테이프, 실, 장식(단추, 반진주, 스팽글, 에나멜 닷 등)

★ 주요 기법

박음질로 스티치하기, 패턴지로 퀼팅하기, 특수지로 다이 커팅하기, 엠보싱매트로 스티치 엠보싱하기, 패턴지 팩 속 페이퍼 장식 이용하기

★ 활용하기

밸런타인 패턴지 대신 크리스마스 패턴지를 이용하여 크리스마스 퀼트로 만들어도 특별한 장식이 된다. 손바느질을 하면 좀 더 포근한 분위기를 연출할 수 있다.

1 밸런타인을 주제로 한 패턴지 뒷면에 양면 시트지를 붙인 후 퀼트 모양(10.1×10.1cm) 다이를 대고 커팅머신을 돌려 8장을 잘라둔다.

2 색상지를 퀼트 다이보다 사방 3~4mm 정도 크게 자른 다음 뒷면에 양면 시트지로 퀼트 프레임을 붙인다. 프레임 안쪽에는 패턴지 조각들을 퀼팅하듯이 채운다.

3 스티치 정사각형(10.5×10.5cm) 다이로 패턴지 7장을 자른 후, 엠보싱매트를 대고 커팅머신을 한 번 더 돌려 스티치 엠보싱이 잘 보이도록 한다.

4 퀼트 대신 하트 등을 장식할 정사각형 배경을 따로 준비한다. 즉 패턴지로 정사각형(10.1×10.1cm) 7장을 만들고, 스티치 다이로 잘라둔 정사각형 윗면에 붙인다.

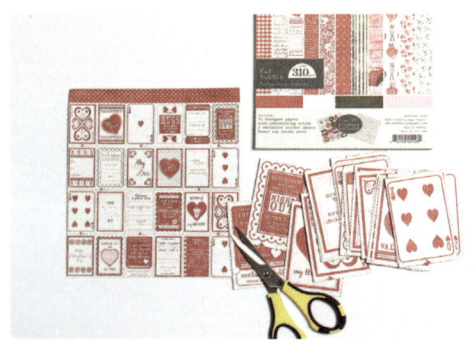

5 패턴지팩에 들어 있는 카드 라벨을 가위로 잘라 정사각형 배경에 장식으로 사용한다.

6 하트 스티치 다이로 펠트지를 커팅하여 크고 작은 하트 3개를 준비한다. 하트 뒷면에 종이를 대고 스티치 구멍이 난 곳을 분홍색 실로 손박음질하여 3개를 겹쳐 붙인 후 배경에 장식한다.

7 바느질 도구 이미지를 스탬핑하고 마커로 컬러링한 후 가위로 잘라 정사각형 배경에 장식한다.

8 저널, 열쇠, 바느질 도구 모양 다이로 메탈 은색지와 검은색 색상지를 잘라 정사각형 배경에 장식한다. 정사각형 15개를 배경(32.5×53.5cm)에 부착하여 퀼트 액자를 완성한다.

활용 작품

밸런타인 태그 겸 배너

우리나라 사람들에겐 아직 생소한 축제지만, 점차 데코나 분장 등으로 핼러윈을 즐기는 사람들이 늘고 있다. 스탬프 아트에서는 으스스한 분위기보다는 귀여운 핼러윈 분장을 한 캐릭터 스탬프들이 많다. 쿠키나 사탕 등을 포장할 때 사용하는 핼러윈 장식 태그에 반짝거리는 스팽글 등으로 찰랑거리는 재미를 더해보자.

★ 준비물

6in 패턴지(Doodlebug Design/Boos & Brews, DCWV/The Chateau Lavender), 색상지(검은색, 보라색, 주황색, 연두색), 스탬프(Mama Elephant/Bootastic, Stampin' Up!/Googly Ghouls), 다이(Die-Namics/Tag Builder Blueprints 6, 핼러윈), 크래프트 폼, 장식(스팽글, 시퀀스 등), 끈

★ 주요 기법

셰이커 기법, 히트 엠보싱, 다이 커팅, 다용도로 태그 활용하기

★ 만드는 방법

1. 태그 다이 템플릿을 이용하여 패턴지와 아세테이트지, 크래프트 폼을 자른다.
2. 핼러윈 캐릭터들을 스탬핑하여 자르고 마커 등으로 컬러링한다.
3. 핼러윈 다이 템플릿을 이용하여 검은색 색상지로 거미줄과 박쥐 등을 자른다.
4. 맨 뒤쪽 원형 태그에 구멍이 뚫린 태그 모양 크래프트 폼을 붙이고 스팽클이나 시퀀스를 넣는다. 그 위에 태그보다 조금 작게 자른 투명 아세테이트지를 접착제로 붙이고 태그 다이 컷을 붙인다.
5. 다이 컷 이미지와 스탬프 이미지를 폼닷을 이용하여 입체감 있게 장식한다.
6. 태그 윗부분 구멍에 핼러윈 색감의 끈으로 리본을 묶어 마무리한다.

크리스마스
센터피스

12월이 다가오면 마음이 분주해진다. 다사다난했던 한 해를 정리해야 할 뿐만 아니라 크리스마스가 기다리고 있기 때문이다. 해마다 쏟아져 나오는 크리스마스 스탬프와 재료로 어떤 장식을 만들어볼지 즐거운 고민에 빠지기도 한다. 문구점에서 파는 스티로폼 공을 테이블 위에 센터피스로 두어 색다른 크리스마스 분위기를 만들어보는 것도 괜찮을 듯하다.

★ 준비물

스티로폼 공(지름 10cm 3개, 지름 8cm 4개), 색상지(초록색), 은색 펄지, 다이(Sizzix/Thinlits-Christmas, Impression Obsession/Pine Branch, Holiday Top Word Edgers, Memory Box/Stitched Holly Leaves), 털실(흰색, Tim Holtz/Tinsel Twine 은색), 투명 젯소, 아크릴 물감(빨간색, 초록색, 검은색, 은색), 크리스마스 러브온(Kaiser Craft/BASICS), 별 젬스톤, 누보 드롭스(크리스털 드롭스/Red Berry, 글리터 드롭스/Ruby Slippers), 글리터 글루(Holly)

★ 주요 기법

다이 커팅, 누보 드롭스로 에나멜 닷 만들기, 러브온 장식하기

★ 활용하기

스티로폼 공과 계절에 맞는 색감의 털실은 계절 오너먼트의 좋은 소재다.

1 누보 드롭스를 크래프트시트에 둥근 모양으로 짜고 충분한 시간 동안 말린다.

2 스티로폼 공에 투명 젯소를 바르고 말린 다음 빨간색, 초록색, 검은색, 은색 아크릴 물감과 붓을 준비한다.

3 종이컵에 스티로폼 공을 얹어 붓으로 아크릴 물감을 칠한다. 건조 후 아랫부분을 칠할 때는 스티로폼 공에 시침핀을 꽂아 손잡이처럼 사용하면 편리하다.

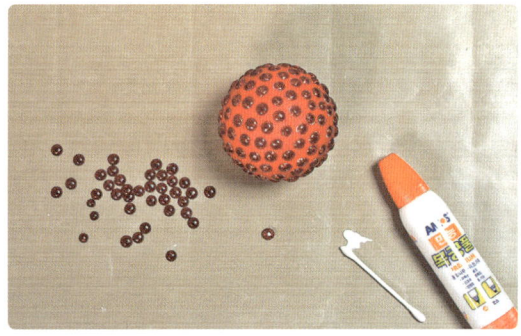

4 빨간색 스티로폼 공에 누보 드롭스로 만든 에나멜 닷을 접착제로 촘촘하게 붙인다.

5 다이 커팅한 솔 잎사귀들을 디스트레스 잉크로 잉킹한 후 초록색 스티로폼 공에 1장씩 쌓듯이 붙인다. 이때 초록색 글리터 글루를 솔잎에 발라 반짝임을 더한다.

6 흰색 스티로폼 공엔 흰색 털실을, 은색 스티로폼 공엔 은색 털실을 감아서 장식한다. 접착제나 양면테이프로 털실의 시작과 끝을 고정한다.

7 은색 펄 스티로폼 공에 러브온을 대고 플라스틱 막대로 문질러 글씨들을 전사한다. 다이 커팅한 크리스마스 저널 3개를 공 가운데에 둘러 붙인다.

8 검은색으로 칠한 스티로폼 공은 호랑가시나무 열매와 잎사귀를 다이 커팅하여 장식한다. 준비된 공들을 커다란 둥근 접시에 담아 크리스마스용 센터피스로 활용한다.

반제 우드 제품에 스탬프 옷을 입혀 만든 크리스마스 장식품

결혼 축하 리스

신부의 부케를 상상하며 파스텔 톤의 리스(Wreath)를 만들어보자. 화사하면서도 들꽃 같은 소박한 종이꽃 리스가 신혼집에 걸려 있다면 생화가 아닌데도 달콤한 꽃향기가 날 것만 같다. 여기서는 다이 템플릿으로 커팅하여 만든 꽃과 기성품인 블로섬을 함께 사용해본다.

★ 준비물

흰색 메탈지(120g), 벨륨지(연두색, 쑥색), 꽃 모양 다이(Magnolia/Doily Flowers, Papertrey Ink/Bloom Builders #3, Spellbinders/Spiral Blossom 1, Die-Namics/Royal Roses), 잎사귀 다이(Prima/Forest Leaves, Die-Namics/Leafy Greenery, My Creative Time/Stitched Leaves), 저널 다이(Kaiser Craft), 종이 블로섬(Prima, Magnolia, 알파문구 등), 스티로폼 링(지름 24cm), 흰색 털실, 글리터 글루, 장식(반진주, 꽃술, 흰색과 노란색 리본), 글루건

★ 주요 기법

섀도 다이 커팅, 다이 커팅으로 블로섬 만들기, 블로섬으로 리스 만들기

★ 활용하기

작은 꽃송이용 다이를 이용하여 여러 장 커팅하여 겹쳐서 감으면 큰 꽃송이를 만들 수 있다.

1 지름 24cm의 스티로폼 링을 흰색 털실로 감아준다. 이때 털실을 길게 풀어 4겹으로 감으면 좀 더 쉽고 빠르다.

2 비슷한 모양의 크기가 다른 꽃송이를 다이 커팅한다. 큰 것은 배경 스탬프로 스탬핑하고, 중간 것은 에징하고, 작은 것은 전체에 색감을 입혀 그러데이션되도록 한다. 가장 작은 것부터 집게로 한쪽 끝을 잡고 빙빙 돌려 감아 꽃을 완성한다.

3 가지고 있는 꽃 다이 템플릿을 이용하여 다양한 파스텔 톤의 블로섬을 만든다.

4 파스텔 톤의 꽃들과 어울리도록 반투명 벨룸지를 잎사귀 모양 다이 펀치로 자른다.

5 스티로폼 링의 둘레만큼 종이를 길게 놓아두고 블로섬과 시판 종이꽃 등을 보기 좋게 배열한다. 이때 종이 대신 접착력이 있는 주방용 글래드랩에 블로섬을 놓으면 흐트러지지 않아 편리하다.

6 링의 아랫부분부터 글루건과 접착제로 커다란 꽃송이를 먼저 부착하고 작은 블로섬과 잎사귀로 채워 나간다.

7 저널 다이 5개를 커팅한 후 1개만 분홍색을 입힌다. 흰색 저널 3개, 분홍색 저널 1개, 흰색 저널 1개를 순서대로 비스듬히 겹쳐 붙여서 그림자 효과를 낸다.

8 아래쪽에 저널을 붙이고 리스 안쪽에 진주 장식을 한 다음 윗부분에 흰색과 노란색 리본을 묶어 작업을 마무리한다.

활용 작품

결혼 축하 선물 포장 태그

결혼기념일 축하 카드와 봉투

어린이날
축하 꽃볼

맑은 하늘과 신록이 눈부신 5월은 어린이날이 있어 더욱 신나는 달이다. 귀여운 아이들의 해맑은 웃음소리를 떠올리며 티슈페이퍼로 동글동글한 꽃볼을 만들어보자.

★ 준비물
10장 묶음의 티슈페이퍼(We R/DIY Party)나 습자지(흰색, 연두색, 연분홍색, 진분홍색), 다양한 크기와 모양의 원형 다이, 꽃볼 이음새용 아세테이트지나 셀로판지, 펀치, 스테이플러, 낚싯줄이나 흰색 실

★ 주요 기법
다이 커팅, 주름 잡아 종이 구기기

★ 만드는 방법
1. 10장 묶음의 티슈페이퍼를 반으로 접은 다음, 같은 크기의 원 다이로 두 번씩 잘라 40겹을 포개둔다.
2. 40겹의 티슈페이퍼 가운데 부분에 스테이플러를 박아 하나로 묶는다.
3. 티슈페이퍼를 2장씩 잡고 가운데 부분으로 모아 주름을 잡듯이 구김을 준다.
4. 20겹 정도는 위쪽으로 구김을 주고, 나머지 반은 아래쪽으로 구김을 주어 공 모양이 되도록 한다.
5. 투명 셀로판지나 아세테이트지를 1.5×3cm의 직사각형으로 자르고 반으로 접어둔다.
6. 반으로 접은 아세테이트지의 윗부분에 펀치로 작은 구멍을 뚫고, 아랫부분에는 양면테이프를 붙여 꽃볼의 꽃잎에 고정한다.
7. 아세테이트지의 구멍에 흰색 실을 끼워 묶은 후 길게 잘라 천장에 매달아 장식한다.

★ 활용하기
원형 다이뿐만 아니라 원형 스캘럽 다이나 핑킹 가위 등으로 원을 자르면 꽃볼의 가장자리 모양이 다양해져 좀 더 화려하게 만들 수 있다.

활용
작품

어린이날 축하 카드

허니콤 페이퍼로 만든 풍선 카드

특별한 장소의 데코

카페 오너먼트

카페라는 단어에는 향긋한 커피향이 배어 있는 듯하다. 카페에 앉아 커피를 마시며 나누는 친구들과의 수다만큼이나 커피 관련 스탬프를 모으는 기쁨도 만만치 않다. 반제 우드 알파벳을 이용하여 귀여운 고양이 뉴턴을 주인공으로 한 카페 인테리어 소품을 만들어보자.

★ 준비물
6in 패턴지(Teresa Collins/Far and Away), 색상지(회청색, 빨간색, 베이지, 회갈색), 스탬프(Newton's Nook/Newton Loves Coffee, Altenew/Coffee Love, MFT/Perk Up), 검은색 잉크, 반제 우드 알파벳(C, A, F, E), 고동색 아크릴 물감, 클리어 엠보싱 파우더, 히트 툴, 폼테이프, 작은 단추, 글리터 글루, 글리터 마커

★ 주요 기법
마커 컬러링, 히트 엠보싱, 마스킹 기법, 클리어 스탬프로 곡선 스탬핑하기

★ 활용하기
반제 우드 제품을 스탬프와 패턴지로 장식하면 인테리어 소품으로 활용하기 좋다.

1 패턴지와 색상지에 우드 알파벳을 대고 연필로 그린 후 가위로 자른다.

2 우드 알파벳의 옆면에 진한 고동색 아크릴 물감을 붓으로 꼼꼼히 칠한다.

3 잘라둔 알파벳 패턴지의 가장자리를 좀 더 또렷하고 깊이감 있게 보이도록 같은 색감의 디스트레스 잉크로 에징한다.

4 알파벳 패턴지에 저널을 스탬핑하고 클리어 엠보싱 파우더를 뿌려 히트 엠보싱한다. 이때 알파벳 'C'의 곡선 부분에 스탬핑할 클리어 스탬프는 아크릴 블록에 둥글게 구부려 부착한다. 다른 저널 스탬프는 잉크를 묻힌 후, 마스킹테이프로 가리고 스탬핑한다.

5 반제 우드 알파벳의 앞뒤에 목공풀을 바르고 앞면엔 패턴지, 뒷면엔 색상지를 붙인다.

6 알파벳을 장식할 스탬프 이미지들을 검은색 잉크로 스탬핑하고 가위로 자른다.

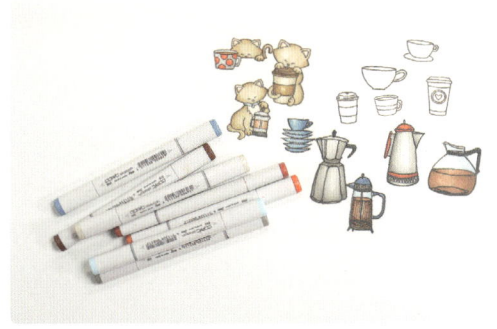

7 잘라둔 스탬프 이미지를 마커 컬러링한다. 이미지가 또렷하게 보이도록 자른 단면도 함께 칠한다.

8 컬러링한 스탬핑 이미지들을 우드 알파벳에 폼테이프로 붙인다. 작은 단추로 장식하고 글리터 글루, 글리터 마커 등으로 반짝임을 더한다.

> 활용
> 작품

커피 향기와 달콤한 도넛 내음 가득한 카페를 상상하며 만든 작품

아이스크림 포스터

파스텔 빛깔의 아이스크림이 층층이 쌓여 있는 모습은 보기만 해도 기분이 좋다. 아이스크림 가게 옆을 지나가다가 벽면에 장식된 광고 포스터를 보고 아이스크림 스탬프를 떠올렸다. 지금껏 계속되는 아이스크림 사랑을 스탬프로 작업하려니, 어릴 적 엄마가 주신 점심값으로 초콜릿 아이스크림을 3개나 사 먹고 배탈이 나서 고생했던 일이 생각나 자꾸만 웃음이 나온다.

★ **준비물**

색상지(연노란색, 진노란색, 분홍색, 연두색, 민트색), 흰색 마시멜로지, 스탬프(Taylored Expressions/Summer Love, Clearly Besotted/Super Cool, Lawn Fawn/Treat Yourself, Yellow Owl Workshop/Many Thanks, Whipper Snapper/Haagen-Daz Bear, Fiskas/Recipe), 다이(MFT/Polaroid Cover-Up, Little B/Sentiments), 메멘토 수성 잉크, 파스텔 톤 코픽 마커, 글리터 글루, 엠보싱 마커, 클리어 엠보싱 파우더, 히트 툴, 크래프트 폼, 양면테이프, 폼테이프

★ **주요 기법**

배경지 레이어드하기, 프레임으로 공간 구성하기, 엠보싱 마커로 히트 엠보싱하기

★ **만드는 방법**

1. 29.5×29.5cm로 자른 연노란색 색상지를 30×30cm로 자른 분홍색 색상지 위에 양면테이프로 붙인다.
2. 30.5×30.5cm(12in)로 자른 진노란색 색상지에 크래프트 폼을 대고 양면테이프를 이용해 분홍색 색상지를 겹쳐 붙여 입체감 있는 배경을 만든다.
3. 아이스크림 관련 스탬프들을 수성 잉크로 스탬핑하고 마커 컬러링한다.
4. 컬러링한 이미지에 엠보싱 마커를 칠하고 엠보싱 파우더를 뿌려 히트 엠보싱하거나 글리터 글루 등을 발라 반짝이는 효과를 더한다.
5. 프레임 다이와 저널 다이로 색상지를 커팅하여 공간을 나누는 레이아웃으로 활용한다.
6. 스탬핑 이미지와 프레임 다이 컷을 배경에 구성해보고, 폼테이프로 입체감 있게 붙여 완성한다.

드레스폼 포스터

스타일리시한 드레스폼과 바느질 도구 스탬프에 푹 빠져 열심히 모았던 적이 있다. 친구가 운영하는 의상실에 놀러 갔다가 판화처럼 인쇄된 드레스폼 포스터를 보고는 한동안 묵혀둔 스탬프들을 죄다 꺼냈다. 장식은 배제하고 검은색 잉크패드로만 스탬핑하여 판화 같은 액자를 만들어보자.

★ 준비물
12in 흰색 마시멜로지, 검은색 잉크(Hero Arts/Dye Ink), 스탬프(Clear Art Stamps/Sew Special, Material Girl, Stampers Anonymous/Haberdashery, Taylored Expressions/Bonjour Couture, Graphic 45/ICO 288, Flourishes/Feminine Charm, Pennyblack/Lace Delight 등), 12in 액자, T자, 스탬프 포지셔너, 스탬프 플랫폼(Tim Holtz), 샌딩 블록, 0.1mm 코픽 펜

★ 주요 기법
수직 수평 맞춰 스탬핑하기, 스탬핑 수정하기, 다양한 스탬핑 툴 활용하기

★ 만드는 방법
1. 12in 흰색 마시멜로지에 0.3mm 샤프를 이용해 가로선을 1in 간격으로 연하게 그어둔다.
2. 이미지 사이의 간격과 크기를 고려하며 종이의 가장자리부터 스탬핑한다.
3. 투명한 클리어 스탬프는 선에 맞춰 바로 스탬핑하고, 우드마운트는 스탬프 포지셔너를 이용하여 수직 수평을 맞춰 스탬핑한다. 12in 종이로 작업하는 경우에는 스탬프 플랫폼을 사용하면 편리하다.
4. 스탬핑이 덜 된 부분은 코픽 펜으로 수정한다.
5. 샤프로 그린 선들을 지우개로 지우고 마무리한다.

> **소소한 TIP**
>
> 심플하게 스탬핑만 하는 작업이지만 깨끗함을 유지하는 것이 생각보다 쉽지 않다. 잉크가 종이에 묻지 않도록 손과 주변을 살피며 조심조심 스탬핑한다. 잉크가 묻었을 경우에는 모래 지우개로 지우거나 칼로 살살 긁어낸 후 샌딩 블록이나 사포로 문질러주면 깔끔하다.

교실 환경 구성 배너

아이들이 배움의 길로 들어설 때 스탬프를 이용한 배너가 교실에 걸려 있다면 학교를 향하는 발걸음이 조금은 더 신날 것 같다. 초등학교의 각 과목을 주제로 환경 구성용 배너를 작업해보자.

★ 준비물

뉴크라프트지, 마시멜로지, 학교와 관련된 스탬프와 다이 템플릿, 잉크(Memento/Tuxedo Black, 엠보싱용 워터마크 잉크), 폼닷이나 폼테이프, 코픽 마커, 클리어 엠보싱 파우더, 히트 툴, 각종 장식(리본, 단추, 브래드)

★ 주요 기법

히트 엠보싱, 콜라주로 입체 작업하기

★ 만드는 방법

1. 10.5×13.5cm의 직사각형 태그를 다이나 가위를 이용하여 7장 잘라둔다.
2. 각 과목을 표현할 수 있는 스탬프 이미지를 골라 스탬핑하고 가위질한다.
3. 배경과 장식으로 쓰일 구름, 음표, 잔디 모양 등을 커팅머신으로 자른다.
4. 과목별로 어떤 컬러를 쓸지 계획한 후, 스탬프 이미지를 마커로 컬러링하거나 히트 엠보싱한다.
5. 직사각형 태그 7개에 각 과목을 표현한 스탬핑 이미지를 놓아보며 구성한다.
6. 스탬핑 이미지를 태그 위에 폼닷이나 폼테이프로 입체감 있게 붙인다.
7. 무지개 색상으로 프린트한 '즐거운 우리 학교'를 원형으로 잘라 타이틀을 만든다.

공간별 장식 액자

스탬프를 주제별로 모으면 공간의 특색을 살리는 작업을 할 때 유용하다. '엘레나' 스탬프에 반해 닉네임으로 찜하고, 신나게 만들었던 액자는 내 작업실에서 오래도록 자리를 차지하고 있다. 스탬프 아트는 이렇게 공간에 생기를 불어넣기도 한다.

피트니스센터에 어울리는 액자

골프연습장에 어울리는 액자

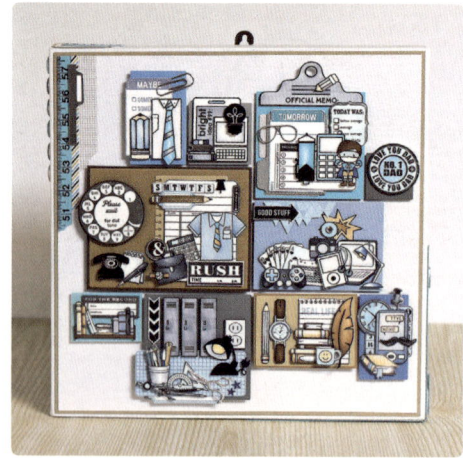

아빠의 사무공간을 주제로 만든 액자

카페에 어울리는 액자

선물과 포장

와인 태그

지인의 집을 방문할 때나 모임이 있을 때 와인 병을 정성이 깃든 태그로 포장한다면 더욱 특별하고 고마운 선물이 될 것이다. 태그 앞면은 와인과 관련된 스탬프로 장식하고, 뒷면에는 간단한 메시지를 전달할 수 있는 작은 카드를 붙여 카드 겸용 와인 태그를 작업해보자.

★ 준비물

마시멜로지나 카드지(266g/m²), 수채화지, 작은 카드용 색상지, 스탬프(Hero Arts/Wine CL 405, Hampton Art/Laugh Out Loud Stamps, B Line Designs/Wine Ephemera Cube, Art Impressions/M-2823, 4종류의 배경 스탬프), 다이(MFT/Let's Toast, 미니 도일리), 수채 도구(Ranger/Distress Marker나 Zig/Clean Color Real Brush Marker), 잉크(Ranger/Archival Black, 디스트레스), 히트 엠보싱 도구, 블렌딩 툴, 마스킹테이프, 폼닷

★ 주요 기법

마스킹, 부분 다이 커팅, 흰색 종이에 잉킹하기, 배경 스탬프로 배경 만들기, 수채 마커로 채색하기

●●●● **글로시 악센트 활용하기** ●●●●

포도송이처럼 조밀한 이미지에는 글로시 악센트를 한꺼번에 바르지 않는다. 간격을 띄워서 바르고 완전히 건조되면 그 옆을 바르는 식으로 진행한다. 그러면 포도송이 하나하나의 볼륨감을 살릴 수 있다.

1. 다이로 태그 모양을 4장 자른 다음, 마스킹테이프를 사용해 위아래를 다른 색 잉크패드로 잉킹한다.

2. 태그 윗부분에 배경 스탬프를 스탬핑하여 패턴을 만든다.

3. 흰색 종이 4장에 각 와인 태그와 같은 색 잉크로 색감을 입힌 후, 라벨 4개를 스탬핑하고 클리어 엠보싱 파우더를 뿌려 히트 엠보싱한다.

4. 수채화지에 와인 등을 유성 잉크로 스탬핑하여 가위로 자른 후 수채 물감이나 수채 마커로 컬러링한다. 포도송이에 글로시 악센트를 발라 볼륨감을 더한다.

5. 반으로 접은 종이를 태그 다이에 놓고 윗부분이 잘리지 않도록 부분 다이 커팅하여 카드지를 만든다.

6. 카드지 속에 메시지를 스탬핑하고 화이트 히트 엠보싱한다.

7 태그 뒷면에 카드지를 붙인다.

8 태그에 와인 라벨과 스탬핑 이미지를 폼닷으로 붙여 마무리한다.

선물 장식 태그

새로 산 옷에 여러 가지 재질과 모양의 라벨 태그가 한꺼번에 묶여 있던 것에서 아이디어를 얻었다. 홈메이드 레이어드 장식 태그를 만들어보자.

★ 준비물

색상지(흰색, 연노란색, 빨간색, 민트색, 연파란색, 보라색, 갈색, 은색 펄지), 반투명 벨룸지, 화이트 슈링크 플라스틱, 스탬프(Fiskars/Recipe, Kaiser Craft/Bon Appetit, Yellow Owl Workshop/Custom Kitchen, Inky Antics/Prepping Chefs 등), 잉크(VersaFine/Black Pigment, VersaMark/Watermark), 다이(태그 다이, Magnolia/Silverware, Paper Smooches/Flatware 등), 유성 색연필, 찰필, 오일, 화이트 엠보싱 파우더, 히트 툴, 메탈 수저 장식, 펀치(We R Memory Keepers/아일릿 펀치, 스냅 펀치), 끈(Baker's Twine 등), 링 라벨

★ 주요 기법

유성 색연필 컬러링, 태그 레이어드, 벨룸지에 화이트 히트 엠보싱하기, 슈링크 플라스틱으로 장식 만들기

★ 활용하기

장식 태그를 여러 장 미리 만들어두고 홈메이드 쿠키 등을 선물할 때 사용하면 편리하다. 슈링크 플라스틱은 다이 커팅뿐만 아니라 스탬핑과 컬러링이 가능하므로 아기자기한 장식품을 만들 때 유용하다.

●●●● **블랙 히트 엠보싱하기** ●●●●

블랙 엠보싱 파우더로 히트 엠보싱하면 쨍한 느낌이 좋지만 아무래도 검은색 가루가 묻어 지저분해지기 쉽다. 대신 건조가 느린 피그먼트 성질의 VersaFine 검은색 잉크패드로 스탬핑하고 클리어 엠보싱 파우더를 뿌려 열처리하면 지저분해지지도 않고 또렷하면서 볼륨감 있게 히트 엠보싱된다.

305

1 주방 관련 라벨 스탬프에 검은색 잉크를 묻혀 색상지에 스탬핑한 다음, 클리어 엠보싱 파우더를 뿌려 히트 엠보싱한다.

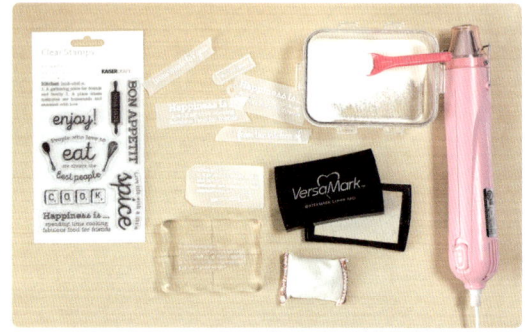

2 다양한 모양으로 자른 반투명 벨룸지에 워터마크 잉크로 저널 스탬프를 스탬핑하고 화이트 엠보싱 파우더를 뿌려 히트 엠보싱한다.

3 주방장과 음식 관련 스탬프 이미지에 유성 색연필로 연하게 칠한 후 겹쳐 칠하면서 강약을 조절하여 음영을 준다. 하이라이트 부분은 찰필에 오일을 묻혀 문지르거나 흰색 유성 색연필로 칠한다.

4 수저 모양 다이 템플릿을 이용하여 슈링크 플라스틱을 커팅머신으로 자른다. 라벨 태그와 함께 묶기 위해 펀치로 미리 구멍을 뚫어준다.

5 수저 모양으로 잘라둔 슈링크 플라스틱에 열이 고루 가해지도록 히트 툴을 낮은 온도로 맞춰 둥글게 돌리면서 가열한다. ¼ 크기로 오그라든 슈링크 플라스틱을 아크릴 블록으로 눌러 편다.

6 태그와 여러 모양의 라벨을 겹치고 수저 장식을 더하여 끈으로 묶어 레이어드 장식 태그를 마무리한다.

어버이날 감사 봉투

어버이날이나 생신 때 부모님들이 받고 싶어 하는 선물 1위는 현금이라고 한다. 하얀 봉투 대신 정성과 솜씨가 깃든 핸드메이드 봉투를 준비해보자.

★ **준비물**

12in 패턴지나 포장지, 색상지(흰색, 분홍색, 연회녹색), 벨륨지(반투명, 분홍색, 연회녹색), 스탬프(Penny Black/Petal Party), 잉크(Versamark/Watermark), 스캘럽 다이, 잎사귀 펀치, 화이트 엠보싱 파우더, 히트 툴, 장식(젬스톤, 캔디 등), 스코어링 보드, 봉투

★ **주요 기법**

히트 엠보싱, 기존 봉투를 템플릿으로 이용하기

★ **만드는 방법**

1 크기나 모양이 마음에 드는 기존의 봉투를 골라 접착면을 뜯어둔다.
2 패턴지나 포장지의 뒷면에 봉투를 펼쳐놓고 연필로 대고 그린 후 가위로 자른다.
3 본 폴더로 눌러 깔끔하게 접고, 봉투의 시접 부분을 양면테이프로 붙여 패턴지 봉투를 완성한다.
4 봉투가 벌어지지 않도록 띠지를 만든다. 가로는 7cm 정도, 세로는 봉투의 둘레에 시접 1cm를 더한 길이만큼 패턴지를 잘라둔다.
5 패턴지로 자른 띠지 뒷면에 흰색 종이를 매팅한 후 양쪽 가장자리는 분홍색 색상지를 모양 가위나 펀치로 모양을 내어 붙여준다.
6 스코어링 보드를 이용하여 띠지의 접는 선을 본 폴더로 그은 다음 접어준다.
7 시접으로 1cm 남겨둔 부분에 양면테이프를 붙여 봉투를 감쌀 띠지를 완성한다.
8 띠지를 장식하기 위해 분홍색 색상지나 반투명 벨륨지에 워터마크 잉크로 꽃 이미지를 스탬핑하고 화이트 엠보싱 파우더를 뿌려 히트 엠보싱한 다음 가위로 자른다.
9 띠지에 스탬핑한 꽃과 잎사귀를 겹쳐 붙여 작은 꽃다발처럼 장식한다.

★ **활용하기**

현금 봉투와 함께 카드나 장식 태그, 포장 봉투 등도 세트로 작업할 수 있다.

기프트 카드

지인이나 친지 등에게 축하나 감사를 표현할 때 기프트 카드를 선물하는 것도 하나의 방법이다. 요즘에는 기프티콘을 많이 선물하지만, 기프트 카드는 받는 이의 얼굴을 직접 보면서 전달할 수 있다는 점에서 왠지 더 정감이 간다. 따뜻한 마음이 담긴 기프트 카드를 핸드메이드 카드에 담아보자.

★ 준비물

수채화지, 카드지 3장, 스탬프(Mama Elephant/Organic Blooms, Words Defined, My Favorite Things/Doodle Blossoms), 다이(Sizzix/Olivia, Die-Namics/Doodle Blossoms, Thanks, Gift Card Grooves), 수채 색연필, 수채 마커(Zig/Clean Color Real Brush), 수채 물감, 붓(Ranger/Water Brush), 글리터 브러시 마커(Zig/Wink of Stella Brush), 글리터 글루, 크래프트 폼

★ 주요 기법

다양한 수채 도구로 채색하기, 크래프트 폼으로 입체감 주기

★ 활용하기

카드 안쪽에서 기프트 카드가 팝업되거나 팝업 박스에서 기프트 카드가 튀어나오게 만들어도 재밌다. 꽃 스탬프로 만든 카드는 여러 가지 용도로 쓸 수 있으므로 미리 만들어두었다가 그때그때 메시지 스탬프를 찍어서 선물하면 편리하다.

감사 카드

★ **만드는 방법**

1. 수채화지에 워터마크 잉크로 스탬핑하고 화이트 엠보싱 파우더를 뿌려 히트 엠보싱한다.
2. 수채 색연필로 가장자리부터 칠하고 붓으로 번짐 효과를 준 다음 건조되면 다시 색연필로 음영을 주고 붓질을 한다. 채색이 끝나면 글리터 브러시 마커로 반짝임을 준다.
3. 꽃 이미지 배경에 그림자 효과를 주어 꽃이 입체적으로 보이도록 표현한다.
4. 커팅머신으로 잘라둔 메시지를 아랫부분부터 색연필로 칠하고 붓질하여 그러데이션 효과를 준다.
5. 꽃 가운데 부분을 기프트 카드 모양 다이 템플릿으로 커팅하여 카드를 끼울 수 있도록 공간을 마련한다.
6. 완성된 수채화지를 카드지에 붙인다. 이때 커팅된 다이 컷을 버리지 말고 그 위치에 다시 붙여 꽃 그림이 연결되도록 한다.

생일 카드

★ 만드는 방법

1. 수채화지에 유성 잉크로 꽃 이미지들을 스탬핑한 다음 다이로 커팅한다.
2. 꽃잎의 가장자리부터 고체 물감을 칠하고 연하게 번지도록 붓질한 후, 다시 진하게 음영을 주어 카드에 붙일 꽃들을 준비한다.
3. 수채화지에 물을 먼저 바른 후 연파란색과 초록색 물감을 칠해 번짐 효과를 준다.
4. 기프트 카드를 끼울 자리에 다이를 이용하여 양쪽에 반원 형태를 커팅한다.
5. 기프트 카드가 놓일 부분에 생일 축하 메시지를 스탬핑한다.
6. 채색한 꽃송이들이 서로 어울리도록 카드지에 놓아보고 줄기를 먼저 스탬핑한다.
7. 폼테이프나 양면테이프로 꽃들을 입체감 있게 붙인다.
8. 완성된 수채화지 뒷면에 크래프트 폼을 대어 카드지에 붙인다.

축하 카드

★ **만드는 방법**

1. 꽃 라인 모양 다이를 이용하여 꽃송이와 잎사귀를 자른다.
2. 꽃과 잎사귀 다이 컷 위치에 물감을 칠하고 글리터 글루를 바른 다음 건조되면 그 위에 다이 컷을 붙인다.
3. 분홍색 색상지에 축하 메시지 2개를 스탬핑하여 화이트 히트 엠보싱하고 배너 모양으로 잘라 준비한다.
4. 기프트 카드 다이 템플릿으로 작은 봉투를 잘라 축하 카드 속지에 붙인다.
5. 꽃과 잎사귀 다이 컷과 배너 모양 축하 메시지를 수채화지 앞면과 속지에 장식한다.
6. 입체감을 주기 위해 수채화지 뒷면에 크래프트 폼을 대고 카드지에 붙인다.

힐링 약 봉투

스탬프 아트는 감사와 축하를 표현할 때도 유용하지만 격려와 위로를 전할 때에도 힘을 발휘한다. 몸이 아프거나 마음을 다친 친구가 있다면 걱정을 떨쳐버리고 웃음을 되찾기를 바라는 마음과 함께 달콤함을 담은 힐링 약 봉투를 건네보자.

★ 준비물

수채화지, 반투명 벨륨 봉투, 스탬프(Lawn Fawn/On the Mend, Paper Smooches/First Aid Kit, Your Next Stamp/Call the Doctor, 다양한 배경 스탬프), 다이(Die-Namics/Sunny Skies, Stitched Snow Drifts), 유성 잉크(StāzeOn나 Archival, 하이브리드), 수채 마커(Zig/Clean Color Real Brush), 붓(Ranger/Water Brush), 엠보싱 파우더(화이트, 실버), 히트 툴, 워터마크 잉크패드, 엠보싱 대버, 재활용 상자(18×10×5.5cm), 흰색 시트지, MISTI

★ 주요 기법

벨륨지에 히트 엠보싱과 블렌딩하기, 엠보싱 대버로 부분 엠보싱하기, 수채 마커 컬러링

●●●●● 약 상자 만들기 ●●●●●

재활용 상자에 흰색 시트지를 바르거나 젯소를 칠하여 약 상자를 만든다. 스탬핑하여 컬러링하고 다이 컷을 준비하여 상자를 장식한다. 비타민제, 사탕, 초콜릿 등을 넣은 약 봉투를 약 상자에 담아 선물한다.

쾌유를 빌며 친구에게 전한 8in 장식 액자

1 수채화지에 유성 잉크로 이미지를 스탬핑하고 가위로 오린 다음, 밝은 색감의 브러시 펜으로 컬러링한다. 이때 진한 색으로 가장자리를 칠하고 워터 브러시로 블렌딩하여 명암을 표현한다.

2 작은 벨룸 봉투에 배경 스탬프로 패턴을 스탬핑하고 화이트 엠보싱 파우더를 뿌려 히트 엠보싱한다. 스탬프의 크기가 클 경우 대버 형태의 엠보싱 잉크를 원하는 만큼 묻혀서 찍고 히트 엠보싱한다.

3 히트 엠보싱한 벨룸 봉투 아랫부분에 격려와 응원의 메시지를 워터마크 잉크에 묻혀 스탬핑하고 실버 엠보싱 파우더를 뿌려 히트 엠보싱한다. 이때 미스티를 이용하면 저널의 위치를 정확히 스탬핑할 수 있다.

4 화이트 히트 엠보싱한 부분에 잉크가 물들지 않도록 벨룸지 뒷면에 디스트레스 잉크나 빨리 마르는 하이브리드 잉크를 블렌딩한다.

5 스탬핑 이미지들의 색감과 형태가 서로 어울리도록 배열한 후 양면테이프를 이용하여 벨룸 봉투에 붙인다.

6 봉투의 뒷면은 컬러링해둔 밴드로 장식한다. 이때 가위로 자른 밴드의 측면에 흰색이 보이지 않도록 스펀지 도버에 갈색 잉크를 묻혀 에징한다.

설날 선물 포장

스탬프를 이용해 한국 전통 스타일로 선물을 포장하는 것은 어려운 과제다. 최근에는 우리나라 고유의 모습을 담은 스탬프가 제법 많아졌지만 다른 스탬프들에 비하면 아직도 많이 부족하다. 그래서 한국적인 이미지와 소품 등을 보는 대로 모아두게 된다. 전통적인 느낌을 살릴 수 있는 스탬프를 메인으로 상자를 포장해보자.

★ 준비물

두꺼운 크라프트지, 금색지, 갈색 펄지, 스탬프(스탬프마마/새해 전통문양, 메이홀릭 새해, 클래식 새해 한글 스탬프 세트, 핸즈링크/단이, 솜씨/훈민정음), 다이(Wonderland/두루미, 구름 문양, 둥근 창살), 상자 모양 다이(Life Style Crafts/Library Box, Rectangle Box, Hanging Box, Bag), 코픽 마커, 연하장, 작은 매듭, 경첩 스티커, 골드 엠보싱 파우더, 히트 툴, 재활용 상자

★ 주요 기법

골드 히트 엠보싱, 재활용 상자로 틀 만들기

★ 만드는 방법

1. 연하장 등에서 장식에 필요한 부분을 잘라둔다. 단이와 복주머니 등의 스탬프 이미지들을 수성 잉크로 스탬핑하여 코픽 마커로 채색하고 가위로 자른다. 창살 무늬 등은 다이로 커팅한다.
2. 모아둔 작은 상자들의 접착면을 떼어내어 크라프트지에 펼쳐놓고 연필로 그린 다음 가위로 자른다. 직사각형보다는 육각형 등 복주머니 형태의 상자를 이용하면 좀 더 전통적인 느낌이 난다. 이때 상자 모양 다이 템플릿을 이용하여 크라프트지를 커팅하거나 주변의 작은 상자를 재활용해도 된다.
3. 준비해둔 재료를 이용하여 상자의 각 면을 장식한다. '福' 등의 글자는 골드 엠보싱 파우더를 뿌리고 히트 툴로 가열하여 히트 엠보싱한다. 모서리에는 경첩 스티커를 붙여준다.
4. 펼쳐진 면들을 양면테이프로 붙여 입체적인 상자 형태를 만들고 작은 매듭 등으로 장식하여 전통 상자 포장을 마무리한다.

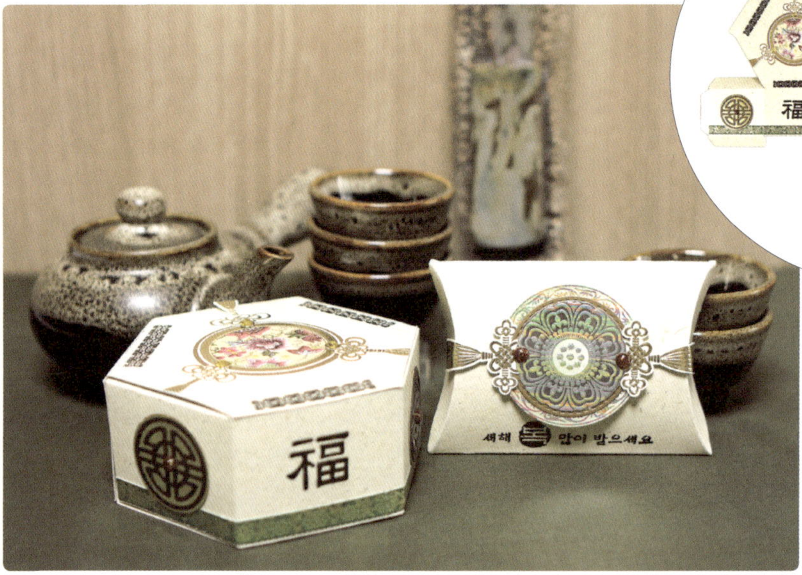
福
새해 복 많이 받으세요

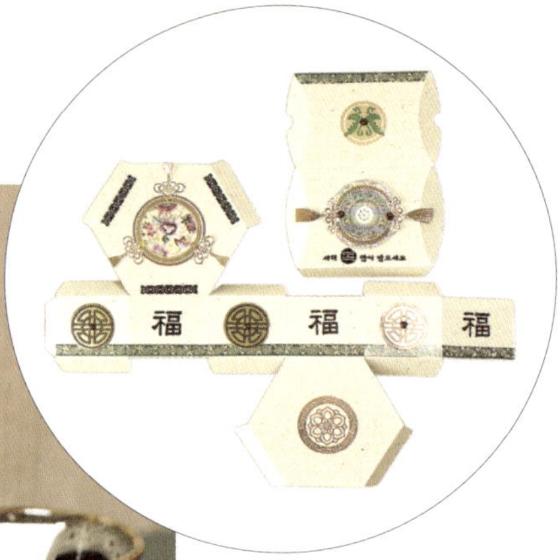
福
福
福

福
새해 복 많이 받으세요
근하신년
謹賀新年

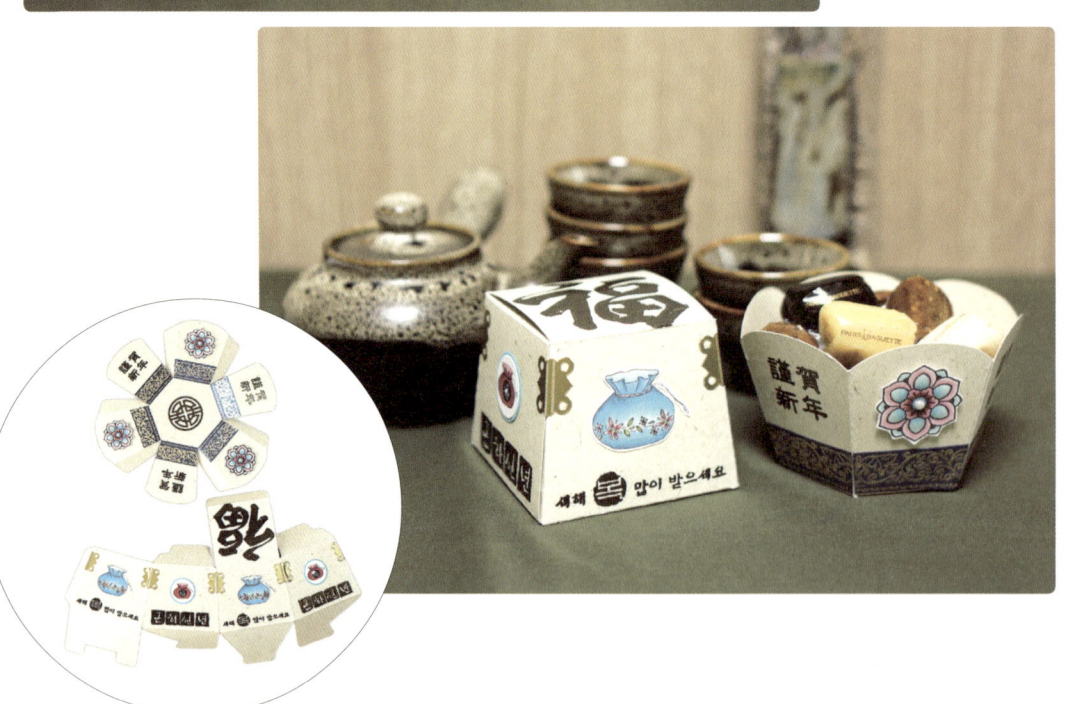

초판 1쇄 인쇄 2018년 9월 3일
초판 1쇄 발행 2018년 9월 10일

지은이 윤정현

펴낸이 이재영
펴낸곳 (주)재승출판
등록 2007년 11월 06일 제2007-000179호
주소 우편번호 06614 서울특별시 서초구 강남대로 423 한승빌딩 1003호
전화 02-3482-2767
팩스 02-3481-2719
이메일 jsbookgold@naver.com
홈페이지 www.jsbookgold.co.kr
ISBN 979-11-88352-22-7   13630

값 19,000원
잘못된 책은 구입처에서 바꾸어 드립니다.

이 책은 저작권법에 따라 보호받는 저작물이므로 무단 전재와 무단 복제를 금지하며,
이 책 내용의 전부 또는 일부를 이용하려면 반드시 저작권자와 (주)재승출판의 서면 동의를 받아야 합니다.
이 도서의 국립중앙도서관 출판시도서목록(CIP)은 e-CIP홈페이지(http://www.nl.go.kr/ecip)와
국가자료공동목록시스템(http://www.nl.go.kr/kolisnet)에서 이용하실 수 있습니다.
(CIP제어번호: CIP2018027247)

(주)재승출판은 여러분의 참신한 원고를 기다립니다.
간단한 기획제안서를 이메일(jsbookgold@naver.com)로 보내주세요.
모두가 참여하는 출판문화를 열어가고 싶습니다.